Mrs. Caudles Vorhangvorträge

Douglas Jerrold

Writat

Diese Ausgabe erschien im Jahr 2024

ISBN: 9789359942766

Herausgegeben von
Writat
E-Mail: info@writat.com

Inhalt

VORWORT DES AUTORS ....- 1 -

EINFÜHRUNG ....- 3 -

VORTRAG I – HERR. CAUDLE HAT EINEM FREUND FÜNF PFUND GELIEHEN
- ....- 6 -

VORTRAG II – HERR. CAUDLE WAR MIT EINEM FREUND IN EINER TAVERNE UND IST „GENUG, UM EINE FRAU MIT TABAKRAUCH ZU VERGIFTEN" ....- 9 -

VORTRAG III – HERR. CAUDLE TRITT EINEM CLUB BEI – „THE SKYLARKS". ....- 12 -

VORTRAG IV – HERR. CAUDLE wurde aus seinem Bett gerufen, um Mr. gegen Kaution freizulassen. Hübscher Mann aus dem
Wachhaus ....- 15 -

VORTRAG V – HERR. CAUDLE IST BIS NACH EINS MIT EINEM FREUND UNTEN BLEIBEN ....- 17 -

VORTRAG VI – HERR. CAUDLE HAT EINEM BEKANNTEN DEN FAMILIENSCHIRM GELIEHEN ....- 19 -

VORTRAG VII – HERR. CAUDLE HAT EINE REMONSTRANZ ÜBER DAS ABENDESSEN SEINES TAGES GEwagt: KALTES HAMMEL UND KEIN PUDDING. - FRAU. CAUDLE
VERTEIDIGT DIE KALTE SCHULTER ....- 22 -

VORTRAG VIII – CAUDLE WURDE ZUM MAURER GEFERTIGT – MRS. CAUDLE empört und neugierig ....- 25 -

VORTRAG IX - HERR. CAUDLE WAR AUF DER GREENWICH FAIR ....- 28 -

VORTRAG X – ÜBER MR. CAUDLE'S HEMDKNÖPFE ...- 31 -

VORTRAG XI – FRAU. CAUDLE SCHLÄGT IHRER LIEBEN MUTTER VOR, „MIT IHNEN ZU KOMMEN UND ZU LEBEN". ....- 34 -

VORTRAG XII – HERR. CAUDLE, DER ETWAS SPÄT NACH HAUSE KOMMT, ERKLÄRT, DASS ER IN KUNST „EINEN SCHLÜSSEL HABEN WIRD." ....- 38 -

VORTRAG XIII – FRAU. CAUDLE WAR BEI IHRER LIEBEN MUTTER. - CAUDLE HAT AUS DEM „FREUDEN ANLASS" EINE PARTY GEGEBEN UND EINE EINLADUNGSKARTE AUSGESTELLT ....- 42 -

VORTRAG XIV – FRAU. CAUDLE FINDET ES „HÖCHSTE ZEIT", DASS DIE KINDER SOMMERKLEIDUNG HABEN SOLLTEN ....- 45 -

VORTRAG XV – HERR. CAUDLE IST WIEDER LANG AUSgeblieben. FRAU. CAUDLE, anfangs verletzt und gewalttätig, schmilzt ....- 49 -

VORTRAG XVI – DAS KIND MUSS GETAUFT WERDEN; FRAU. CAUDLE WÄHRT AUF DIE VERDIENSTE DER WAHRSCHEINLICHEN TATE ....- 53 -

VORTRAG XVII – CAUDLE HAT SICH IM LAUFE DES TAGES GEwagt, die Ökonomie des „Waschens zu Hause" in Frage zu stellen. ....- 57 -

VORTRAG XVIII – Während CAUDLE mit seiner Frau spazieren geht, wird er von einer jüngeren und sogar hübscheren Frau als Mrs. verneigt. CAUDLE ....- 61 -

VORTRAG XIX – FRAU. CAUDLE DENKT: „ES WÄRE GUT, IHREN HOCHZEITSTAG EINZUHALTEN." ....- 65 -

VORTRAG XX – „BRUDER" CAUDLE WAR AN EINEM FREIMAURER-BEZÜGLICHEN ABENDESSEN. FRAU. CAUDLE HAT DAS SCHEQUEBUCH DES „BRUDERS" VERSTECKT ....- 69 -

VORTRAG XXI – HERR. CAUDLE HAT SICH BEIM HOCHZEITSDECKEN NICHT „WIE EIN EHEMANN" BEHANDELT ....- 73 -

VORTRAG XXII – CAUDLE KOMMT AM ABEND NACH HAUSE, ALS MRS. CAUDLE IST „GERADE AUSGEGANGEN, EINKAUFEN." Bei ihrer Rückkehr um 10 Uhr ermahnt Caudle ....- 77 -

VORTRAG XXIII – FRAU. CAUDLE „MÖCHTE WISSEN, OB SIE DIESEN SOMMER ANS MEER GEHEN ODER NICHT – DAS IST ALLES" ....- 81 -

VORTRAG XXIV – FRAU. CAUDLE WÄHRT AUF CAUDLES „Grausame Vernachlässigung" von ihr an Bord des „Roten Rovers" ein. FRAU. CAUDLE war so „krank vom Meer", dass sie im Dolphin in Herne Bay unterkamen. ....- 85 -

VORTRAG XXV – FRAU. CAUDLE, MÜDE VON MARGATE, HAT „GROSSEN WUNSCH, FRANKREICH ZU SEHEN." - 89 -

VORTRAG XXVI – FRAU. CAUDLES ERSTE NACHT IN FRANKREICH – „BESCHÄMENDE GLEICHIGKEIT" VON CAUDLE IM BOULOGNE CUSTOM HOUSE ....- 93 -

VORTRAG XXVII – FRAU. CAUDLE kehrt in ihr Heimatland zurück. „Unmännliche Grausamkeit" von Caudle, die sich geweigert hat, „ein paar Dinge für sie ....- 97 -

VORTRAG XXVIII – FRAU. CAUDLE IST NACH HAUSE ZURÜCKKEHRT. DAS HAUS (NATÜRLICH) „NICHT ZUM SEHEN PASSEND." HERR. CAUDLE NIMMT ZUR SELBSTVERTEIDIGUNG EIN BUCH ....- 101 -

VORTRAG XXIX – FRAU. CAUDLE DENKT: „Die Zeit ist gekommen, ein Ferienhaus außerhalb der Stadt zu errichten" ...- 105 -

VORTRAG XXX – FRAU. CAUDLE BESCHWERT SICH ÜBER DIE „TURTLE DOVERY". ENTDECKT SCHWARZE KÄFER. FINDET ES „NUR RICHTIG", DASS CAUDLE EINE CHAISE AUFSTELLEN SOLLTE ....- 109 -

VORTRAG XXXI – FRAU. CAUDLE beschwert sich sehr bitter, dass Mr. CAUDLE HAT „IHR VERTRAUEN GEBROCHEN." .- 113 -

VORTRAG XXXII – FRAU. CAUDLE-Diskurse über Dienstmädchen und Dienstmädchen im Allgemeinen. HERR. CAUDLES „BERÜCHTIGTES VERHALTEN" VOR ZEHN JAHREN ....- 117 -

VORTRAG XXXIII – FRAU. CAUDLE HAT ENTDECKT, DASS CAUDLE EIN BAHNDIREKTOR IST ....- 121 -

VORTRAG XXXIV – FRAU. CAUDLE, im Verdacht, dass Mr. CAUDLE HAT SEIN Testament gemacht, ist „als Ehefrau nur daran interessiert", dessen Bestimmungen zu kennen ....- 125 -

VORTRAG XXXV – FRAU. CAUDLE „WURDE GESAGT", DASS CAUDLE „ZUM BILLARDSPIELEN" ANGEWANDT HAT

- ....- 129 -

VORTRAG DER LETZTE - MRS. Caudle ist erkältet ; DIE TRAGÖDIE DÜNNER SCHUHE ....- 133 -

NACHSCHREIBEN ....- 136 -

VORWORT DES AUTORS

Dem Schriftsteller ist es passiert, dass zwei, drei, zehn oder zwanzig Edelfrauen ihn gefragt haben – und zwar in verschiedenen Tönen des Staunens, des Mitleids und des Tadels –

„ Was könnte Sie an Mrs. Caudle denken lassen ?"

„ Wie konnte irgendjemandem so etwas in den Sinn kommen ?"

Es gibt Themen, die wie Regentropfen wirken, die auf den Kopf eines Mannes fallen, wobei der Kopf selbst nichts damit zu tun hat. Das Ergebnis keines Gedankengangs ist das Bild, die Statue, das Buch, das wie das kleinste Samenkorn ins Gehirn schwebt, um sich vom Boden, wie er auch sein mag, zu ernähren und dort zu wachsen. Und dies war zweifellos die zufällige Ursache für die literarische Aussaat und Ausbreitung – die sich wie eine Nachtblume entfaltete – von MRS. CAUDLE.

Aber lassen Sie eine Jury aus Edelfrauen entscheiden.

Es war ein dicker, schwarzer Winternachmittag, als der Schriftsteller vor dem Spielplatz einer Vorstadtschule stehen blieb . Der Boden wimmelte von Jungen voller Feiertage am Samstag. Die Erde schien mit dem ältesten Blei bedeckt zu sein, und der Wind kam scharf wie Shylocks Messer von den Minories . Aber diese glücklichen Jungen rannten und sprangen und hüpften und schrien und – bewusstlose Männer im Miniaturformat! - Hätten sie in ihrer eigenen ausgelassenen Welt nicht daran gedacht, welche figurbetonten Männer sie eines Tages werden würden? in die schwere Staatsbürgerschaft hineingezogen; formell, respektabel, verantwortungsbewusst. Für sie hatte der Himmel eine oder alle Farben ; und für diesen scharfen Ostwind – wenn man ihn Ostwind nannte – der die Schulterblätter alter, alter Männer von vierzig {1} zerschnitt – hatten sie in ihrer Unsterblichkeit als Knaben die röteren Gesichter und das flinkere Blut dafür.

Und der Schriftsteller, der verträumt auf diesen Spielplatz blickte, dachte immer noch über die robuste Fröhlichkeit dieser kleinen Kerle nach, für die der Steuereintreiber noch ein selteneres Tier war als Nilpferdbabys. Heldenhafte Kindheit, so ignorant gegenüber der Zukunft im wissenden Genuss der Gegenwart! Und der Schriftsteller, der immer noch träumte und grübelte und noch immer keinem klaren Gedankengang folgte, traf ihn wie Töne plötzlicher Haushaltsmusik mit diesen Worten: VORHANGVORTRÄGE.

Einen Moment lang gab es kein lebendes Objekt außer diesen rennenden, schreienden Jungen; und als nächstes, als ob sich eine weiße Taube auf der Federhand des Schriftstellers niedergelassen hätte, war da – MRS. CAUDLE.

Meine Damen und Herren Geschworenen, gibt es denn nicht einige Briefthemen, die auf mysteriöse Weise eine Wirkung ohne erkennbaren Grund behaupten? Warum sollte sonst der Gedanke an CURTAIN LECTURES auf dem Schulgelände entstehen – warum sollte dann inmitten einer Schar von Ferienschülern MRS auftauchen? CAUDLE?

feierlichen, altehrwürdigen Privilegs aufgegeben werden müssen ; Es kann sein, dass man es nur einmal im Leben ausübt – und das einmal mit der Wirkung von hundert Wiederholungen, wie Hiob seine Frau belehrte. Und Hiobs Frau, ein gewisser mohammedanischer Schriftsteller, berichtet: Nachdem sie einen Fehler in ihrer Liebe zu ihrem Mann begangen hatte, schwor er, dass er ihr bei seiner Genesung hundert Schläge austeilen würde. Hiob wurde gesund, und sein Herz wurde berührt und gelehrt von der Zärtlichkeit, sein Gelübde zu halten und dennoch seinen Helfer zu züchtigen; denn er schlug sie einmal mit einem Palmzweig, der hundert Blätter hatte.

DOUGLAS JERROLD.

EINFÜHRUNG

Der arme Job Caudle war einer der wenigen Männer, die die Natur in ihrer lockeren Großzügigkeit gegenüber Frauen als geduldige Zuhörer in die Welt schickt. Er war vielleicht in mehr als einer Hinsicht ganz Ohr. Und diese Ohren nahm Mrs. Caudle – seine rechtmäßige, angetraute Frau, wie sie ihm immer wieder aufdrängen würde, denn sie war keine Frau, die Ketten trug, ohne sie zu schütteln – ganz und allein in Besitz. Sie waren ihr gesamtes Eigentum; Es wurde ausdrücklich dazu geschaffen, Caudles Gehirn den Strom der Weisheit zu vermitteln, der ständig aus den Lippen seiner Frau floss, ebenso wie der Blechtrichter, durch den Mrs. Caudle einst ihren Holunderwein abfüllte. Es gab jedoch diesen Unterschied zwischen der Weisheit und dem Wein. Der Wein war immer gezuckert: die Weisheit, nie. Es kam Mrs. Caudle aus tiefstem Herzen zum Ausdruck; die zweifellos auf die Sanftmut ihres Mannes vertraute, um mit ihm einverstanden zu sein.

Philosophen haben darüber diskutiert, ob der Morgen oder die Nacht den stärksten und klarsten moralischen Eindrücken am förderlichsten ist. Der griechische Weise gestand, dass seine Arbeit nach der Lampe roch. Ebenso roch Mrs. Caudles Weisheit nach dem Binsenlicht. Sie wusste, dass ihr Mann zu sehr von seinem Geschäft als Spielzeug- und Puppenhändler abgelenkt war, um ihre Lektionen an diesem hellen Tag zu verdauen. Außerdem konnte sie sich nie seiner vergewissern: Es war immer möglich, dass er in die Werkstatt gerufen wurde. Von elf Uhr abends bis sieben Uhr morgens gab es für ihn nun keinen Rückzug mehr. Er war gezwungen zu lügen und zuzuhören. Vielleicht war das von Frau Caudle wenig großmütig; aber in der Ehe wie im Krieg ist es erlaubt, den Feind in jeder Hinsicht auszunutzen. Außerdem kopierte Mrs. Caudle sehr alte und klassische Autoritäten. Minervas Vogel, das weiseste Gefieder aller Zeiten, schweigt den ganzen Tag. Das Gleiche galt für Frau Caudle. Wie die Eule schrie sie nur nachts.

Herr Caudle war mit einer unbeugsamen Verfassung gesegnet. Eine Tatsache wird die Wahrheit beweisen. Er lebte dreißig Jahre bei Frau Caudle und überlebte sie. Ja, es dauerte dreißig Jahre, bis Frau Caudle über die Freuden, Kummer, Pflichten und Wechselfälle in diesem scheinbar kleinen Kreis – dem Ehering – referierte und sich ausführlicher damit auseinandersetzte. Wir sagen, scheinbar klein; denn das Ding ist, mit bloßem Auge betrachtet, ein winziger Reifen, der für den dritten weiblichen Finger gemacht ist. Ein Mangel! Wie der Saturnring umkreist er im Guten wie im Bösen eine ganze Welt. Oder, um eine weniger gigantische Zahl zu nehmen, es umfasst eine riesige Region: Es könnte Arabia Felix sein, und es könnte Arabia Petrea sein.

Ein zitroniger Zyniker könnte den Ehering mit einem antiken Zirkus vergleichen, in dem wilde Tiere sich gegenseitig umklammerten, um als Zuschauer zuzusehen. Vergiss die Übertreibung! Wir würden es lieber mit einem Elfenring vergleichen, in dem tanzende Feen die süßeste Musik für die gebrechliche Menschheit machten.

Die Einsatzmöglichkeiten von Ringen sind vielfältig. Sogar Schweine werden von ihnen gezähmt. Sie werden einen vagabundierenden, urkomischen, verheerenden Schweinehund sehen – einen vollblütigen Kerl, der in viele, viele Klafter Blutwurst verbluten würde – Sie werden ihn sehen, wie er aus seinem richtigen Zuhause entkommen ist und im Garten eines Nachbarn herumirrt. Wie er die Herzensruhe zertrampelt: wie er mit zitternder Schnauze Lilien ausstößt – duftende Knollen! Hier schnappt er sich rücksichtslos Thymian und Majoran – und hier frisst er Veilchen und Goldblumen . Schließlich wird der Plünderer entdeckt, von seinem Besitzer gefangen genommen und nach Hause getrieben und geschlagen. Um den Schweinehund weniger gefährlich zu machen, ist festgelegt, dass er *beringt werden soll* . Das Urteil wird ausgesprochen – die Hinrichtung angeordnet. Hören Sie auf seine Schreie!

„Würden Sie nicht glauben, dass das Messer in seiner Kehle steckte?
Und trotzdem sind sie ihm nur langweilig!“

Daher verhält sich der Schweinefleischer für alle Zukunft mit einer Art erzwungener Anstand – denn in jedem Nasenloch trägt er einen Ring. Angesichts der Größe der Menschheit ist es ein trauriger Gedanke, dass Menschen manchmal nicht besser behandelt werden müssen als Schweine.

Aber Mr. Job Caudle gehörte nicht zu diesen Männern. Eine Heirat mit ihm wurde nicht zur Notwendigkeit gemacht. NEIN; für ihn nenne es, wenn du willst, einen glücklichen Zufall – einen goldenen Zufall. Es genügt uns jedoch zu wissen, dass er verheiratet war; und wurde daher zum Empfänger der Weisheit einer Frau gemacht. Mrs. Caudle pickte wie Mohammeds Taube fortwährend nach den Ohren des guten Mannes; und es ist eine Freude, aus dem, was er hinterlassen hat, zu erfahren, dass er alle ihre Sprüche in seinem Gehirn gespeichert hatte; und weiter, dass er den milden Abend seines Lebens nutzte, um solche Sprüche niederzuschreiben, damit sie zu gegebener Zeit in unvergänglicher Schrift verankert werden könnten.

Als Mr. Job Caudle ohne seinen täglichen Führer und seine nächtliche Begleiterin in dieser Dornenwelt zurückgelassen wurde, war er in der vollen Fülle von siebenundfünfzig Jahren. Mindestens drei Stunden lang, nachdem er zu Bett gegangen war – solche Sklaven sind wir zur Gewohnheit geworden

– konnte er kein Auge schließen. Seine Frau redete immer noch an seiner Seite. Es stimmte, sie war tot und anständig bestattet. Sein Verstand – es war ein Trost, das zu wissen – konnte über diesen Punkt nicht abschweifen; das wusste er. Dennoch war seine Frau bei ihm. Der Geist ihrer Zunge redete immer noch wie im Leben; und immer wieder hörte Job Caudle die Mahnungen vergangener Jahre. Manchmal waren die Geräusche so laut, so lebhaft, so real, dass Hiob mit einem kalten Schauer daran zweifelte, ob er wirklich verwitwet war. Und dann würde er sich mit einer Arm- oder Fußbewegung vergewissern, dass er allein in seinem Holland war. Dennoch ging das Gespräch weiter. Es war schrecklich, so von einer Stimme heimgesucht zu werden: Ratschläge, Befehle, Vorwürfe, alle möglichen Sägen und Sprichwörter, und keine sichtbare Frau. Nun sprach die Stimme aus den Vorhängen; jetzt vom Tester; Und nun flüsterte es Hiob aus dem Kissen zu, auf das er drückte. „Es ist schrecklich, dass ihre Zunge so wandelt“, sagte Hiob, und dann dachte er verwirrt an Exorzismus oder zumindest an den Rat des Pfarrers.

Wir wissen nicht, ob Hiob seinem eigenen Verstand folgte oder der weisen Führung eines anderen. Aber er beschloss, jeden Abend eine Vorlesung über seine verstorbene Frau zu Papier zu bringen. Die Anstellung würde möglicherweise den Geist beseitigen, der ihn verfolgte. Es war ihre liebe Zunge, die nach Gerechtigkeit schrie, und wenn sie damit zufrieden war, würde sie vielleicht in Ruhe ruhen. Und so geschah es. Hiob zeichnete alle Vorträge seiner verstorbenen Frau getreu auf; Der Geist ihrer Zunge schwieg fortan, und Hiob schlief alle seine Nächte in Frieden.

Als Hiob starb, wurde ein kleines Paket mit Papieren mit der folgenden Aufschrift gefunden:

„ Vorhangvorträge, die im Laufe von dreißig Jahren von Frau Margaret Caudle gehalten und von Hiob , ihrem Ehemann, erduldet wurden .“

Dass Mr. Caudle den künftigen Drucker im Auge hatte, wird durch die Tatsache ziemlich wahrscheinlich, dass er an den meisten Stellen den Text – der größtenteils aus seinem eigenen täglichen Verhalten stammte – dem Vortrag des Abends beigefügt hatte. Außerdem hatte er, instinktiv um die Würde der Literatur wissend, dem Manuskript eine Banknote von sehr ordentlicher Höhe hinterlassen. Im Rahmen unserer Pflicht als Herausgeber sind wir davon überzeugt, dass wir beiden Dokumenten gerecht geworden sind.

VORTRAG I –
HERR. CAUDLE HAT EINEM FREUND FÜNF PFUND GELIEHEN

„Sie sollten sehr reich sein, Mr. Caudle. Ich frage mich, wer dir fünf Pfund leihen würde? Aber so ist es: Eine Frau darf arbeiten und darf Sklave sein! Ha, Schatz! die vielen Dinge, die man mit fünf Pfund hätte machen können. Als ob die Leute Geld auf der Straße aufheben würden! Aber Sie waren schon immer ein Narr, Mr. Caudle! Ich wollte schon seit drei Jahren ein schwarzes Satinkleid, und für fünf Pfund hätte ich es mir völlig erkauft. Aber es ist egal, wie ich vorgehe, überhaupt nicht. Alle sagen, dass ich mich nicht so kleide, wie es sich für deine Frau gehört – und das tue ich auch nicht; aber was geht Sie das an, Mr. Caudle? Nichts. Ach nein! Du kannst gute Gefühle für jeden haben, außer für die, die dir gehören. Ich wünschte, die Leute würden dich so gut kennen wie ich – das ist alles. Du magst es, als liberal bezeichnet zu werden – und deine arme Familie zahlt dafür.

„Alle Mädchen wollen Hauben, und woher sie kommen, weiß ich nicht. Für halbe fünf Pfund hätte man sie gekauft – aber jetzt müssen sie darauf verzichten. Natürlich gehören *sie* Ihnen und allen außer Ihrem eigenen Fleisch und Körper, Mr. Caudle!

„Der Mann verlangte heute den Wasserpreis; Aber ich möchte wissen, wie Leute Steuern zahlen sollen, die jedem, der sie verlangt, fünf Pfund wegwerfen?

„Vielleicht wissen Sie nicht, dass Jack heute Morgen seinen Federball durch sein Schlafzimmerfenster geworfen hat. Ich wollte den Glaser holen, um es zu reparieren; Aber nachdem du mir die fünf Pfund geliehen hattest , war ich mir sicher, dass wir es uns nicht leisten konnten. Ach nein! das Fenster muss so bleiben, wie es ist; Und schönes Wetter für ein liebes Kind, das mit einem kaputten Fenster schlafen kann. Er hat bereits eine Erkältung in der Lunge, und ich würde mich überhaupt nicht wundern, wenn das zerbrochene Fenster ihn beruhigen würde. Wenn der liebe Junge stirbt, wird sein Tod auf dem Kopf seines Vaters lasten; denn ich bin mir sicher, dass wir jetzt nicht für die Reparatur von Fenstern aufkommen können. Wir könnten es aber schaffen und noch viel mehr tun, wenn die Leute ihre fünf Pfund nicht wegwerfen würden.

„Nächsten Dienstag ist die Feuerversicherung fällig. Ich würde gerne wissen, wie es bezahlt werden soll? Es kann überhaupt nicht bezahlt werden! Diese fünf Pfund wären mehr als genug gewesen – und jetzt kommt eine Versicherung nicht mehr in Frage. Und noch nie gab es so viele Brände wie jetzt. Ich werde nie die ganze Nacht die Augen schließen, aber was geht Sie das an, damit die Leute Sie liberal nennen können, Mr. Caudle? Ihre Frau und Ihre Kinder könnten alle lebendig in ihren Betten verbrannt werden – und das wird mit Sicherheit auch bei uns allen der Fall sein, denn die Versicherung *muss* wegfallen. Und das, nachdem wir so viele Jahre versichert haben! Aber wie, möchte ich wissen, sollen Menschen versichert werden, die aus ihren fünf Pfund Enten und Erpel machen?

„Ich dachte, wir könnten diesen Sommer nach Margate fahren. Da ist die arme kleine Caroline, ich bin sicher, sie will das Meer. Aber nein, liebes Geschöpf! sie muss zu Hause aufhören – wir alle müssen zu Hause aufhören – sie wird eine Schwindsucht bekommen, daran besteht kein Zweifel; ja – süßer kleiner Engel! - Ich habe beschlossen, sie *jetzt zu verlieren* . Das Kind hätte gerettet werden können; Aber die Menschen können ihre Kinder nicht retten und gleichzeitig ihre fünf Pfund wegwerfen.

„Ich frage mich, wo die arme kleine Mopsy ist! Während Sie die fünf Pfund geliehen haben , rannte der Hund aus dem Laden. Weißt du, ich habe es nie auf die Straße gehen lassen, aus Angst, es könnte von einem tollwütigen Hund gebissen werden und nach Hause kommen und alle Kinder beißen. Es würde mich jetzt überhaupt nicht mehr wundern, wenn das Tier mit der Hydrophobie zurückkommen und sie der ganzen Familie übertragen würde. Aber was bedeutet Ihre Familie für Sie, damit Sie das liberale Wesen mit fünf Pfund spielen können?

„Hören Sie den Fensterladen, wie er hin und her schlägt ? Ja, - ich weiß so gut wie du, was es will; es braucht eine neue Befestigung. Ich wollte heute den Schmied holen, aber jetzt kommt das nicht mehr in Frage: *Jetzt* muss es nachts knallen, da du fünf Pfund weggeworfen hast.

"Ha! Da fällt der Ruß durch den Schornstein. Wenn ich den Geruch von irgendetwas hasse, dann ist es der Geruch von Ruß. Und du weißt es; aber was sind meine Gefühle für dich? *Fegen Sie den Schornstein* ! Ja, es ist völlig in Ordnung, den Schornsteinfeger zu sagen – aber wie sollen Schornsteine gekehrt werden – wie sollen sie von Leuten bezahlt werden, die sich nicht um ihre fünf Pfund kümmern?

„Hörst du die Mäuse im Zimmer herumrennen? Ich höre sie. Wenn sie nur dich aus dem Bett zerren würden, wäre das egal. *Stellen Sie ihnen eine Falle* ! Ja, es ist leicht zu sagen: Stellen Sie ihnen eine Falle . Aber wie können sich Menschen Mausefallen leisten, wenn sie jeden Tag fünf Pfund abnehmen?

"Horchen! Ich bin mir sicher, dass es unten Lärm gibt. Es würde mich überhaupt nicht überraschen, wenn Diebe im Haus wären. Nun, es *könnte* die Katze sein; Aber es ist ziemlich sicher, dass eines Nachts Diebe kommen. Die Hintertür ist schlecht befestigt; Aber dies sind keine Zeiten, in denen man sich Bolzen und Stangen leisten kann, wenn die Leute sich nicht um ihre fünf Pfund kümmern.

„Mary Anne hätte morgen zum Zahnarzt gehen sollen. Sie möchte, dass drei Zähne entfernt werden. Nun, das ist nicht möglich. Drei Zähne, die den Mund des Kindes ziemlich entstellen. Aber hier müssen sie aufhören und das süßeste Gesicht verderben, das je gemacht wurde. Sonst wäre sie die Frau eines Lords gewesen. Nun, wenn sie erwachsen ist, wer wird sie haben? Niemand. Wir werden sterben und sie allein und schutzlos in der Welt zurücklassen. Aber was interessiert dich daran? Nichts; damit du fünf Pfund verschwenden kannst.“

„ Und so “, kommentiert Caudle, *„ laut meiner Frau , sie – liebe Seele !“ - Konnte kein Satinkleid haben. - Die Mädchen durften keine neuen Hauben haben . - Der Wasserpreis muss außer Kraft gesetzt werden. - Jack muss seinen Tod durch ein zerbrochenes Fenster erleiden. - Unsere Feuerversicherung konnte nicht bezahlt werden , also sollten wir das tun alle fallen dem verschlingenden Element zum Opfer – wir konnten nicht nach Margate gehen , und Caroline würde in ein frühes Grab gehen – der Hund würde nach Hause kommen und uns alle in den Wahnsinn beißen – der Fensterladen würde für immer zuschlagen – der Ruß würde immer fallen – Die Mäuse lassen uns nicht schlafen, ständig brechen Diebe in das Haus ein, unsere liebe Mary Anne bleibt für immer eine schutzlose Magd , und noch andere Übel kommen über uns , alles , nur weil ich weiterhin fünf leihen würde Pfund !“*

VORTRAG II –
HERR. CAUDLE WAR MIT EINEM FREUND IN EINER TAVERNE UND IST „GENUG, UM EINE FRAU ZU VERGIFTEN" MIT TABAKRAUCH

"Ich armer! Ha! Ich weiß sicher nicht, wer eine arme Frau wäre! Ich weiß nicht, wer sich an einen Mann binden würde, wenn er nur die Hälfte wüsste, müsste er es ertragen. Eine Frau muss zu Hause bleiben und ein Arbeiter sein, während ein Mann überall hingehen kann. Es reicht aus, wenn eine Frau wie Aschenputtel an der Asche sitzt, während ihr Mann in einer Taverne trinken und singen kann. *Du singst nie* ? Woher weiß ich, dass du nie singst? Es ist sehr gut, dass Sie das sagen; Aber wenn ich dich hören könnte, würde ich sagen, dass du zu den Schlimmsten von ihnen gehörst .

„Und jetzt, nehme ich an, wird es jeden Abend die Taverne sein? Wenn Sie glauben, dass ich für Sie eintreten werde, Mr. Caudle, dann irren Sie sich gewaltig. Nein: Und ich werde auch nicht aus meinem warmen Bett aufstehen, um dich hereinzulassen. Nein, Susan wird nicht für dich aufstehen. Nein, du sollst auch keinen Hausschlüssel haben. Ich werde nicht mit geschlossener Tür schlafen, um noch vor dem Morgen ermordet zu werden.

„ Scheiße ! Pah! Puh ! Dieser dreckige Tabakrauch! Es reicht aus, jede anständige Frau zu töten. Du weißt, dass ich Tabak hasse, und trotzdem wirst du es tun. *Du rauchst selbst nicht* ? Was ist damit? Wenn du unter Menschen gehst, die *rauchen* , bist du genauso schlimm, oder noch schlimmer. Du könntest genauso gut rauchen – sogar besser. Rauchen Sie lieber selbst, als mit dem Rauch anderer Leute in Ihren Haaren und Barthaaren nach Hause zu kommen.

„Ich habe nie erlebt, dass einem Mann, der in eine Taverne ging, etwas Gutes widerfuhr. Nette Begleiter, die er dort aufnimmt! Ja! Menschen, die sich damit rühmen, ihre Frauen wie Sklaven zu behandeln und ihre Familien zu ruinieren. Da ist dieser arme Harry Prettyman. Sehen Sie, wozu er gekommen ist! Er kommt jetzt erst um zwei Uhr morgens nach Hause; und dann in was für einem Zustand! Er beginnt mit der Fußmatte zu streiten, damit seine arme Frau Angst hat, mit ihm zu sprechen. Ein gemeiner Kerl! Aber glauben Sie nicht, dass ich wie Mrs. Prettyman sein werde? Nein, ich würde es mir nicht gefallen lassen, selbst der beste Mann, den es je gegeben hat. Du wirst mir keine Angst machen, mit Dir zu sprechen, wie auch immer Du auf der Fußmatte fluchen magst. Nein, Mr. Caudle, das werden Sie nicht.

„ *Sie haben nicht vor, bis zwei Uhr morgens draußen zu bleiben* ?

„Woher weißt du, was du tun wirst, wenn du unter solche Leute kommst? Männer können nicht für sich selbst verantwortlich sein, wenn sie miteinander saufen. Sie denken nie an ihre armen Frauen, die zu Hause trauern und sich erschöpfen. Schöne Kopfschmerzen wirst du morgen früh haben – oder besser gesagt, *heute* Morgen; denn es muss nach zwölf sein. *Du wirst keine Kopfschmerzen haben* ? Es ist sehr gut, dass Sie das sagen, aber ich weiß, dass Sie es tun werden; und dann darfst du dich für mich pflegen. Ha! Schon wieder dieser dreckige Tabak! NEIN; Ich werde nicht wie eine gute Seele schlafen gehen. Wie sollen Menschen einschlafen, wenn sie erstickt sind?

„Ja, Mr. Caudle, Sie werden morgen früh schön krank sein! Aber glauben Sie nicht, dass ich Sie Ihr Frühstück im Bett einnehmen lassen werde, so wie Mrs. Prettyman? Ich werde nicht so ein Idiot sein. NEIN; Ich möchte auch nicht, dass das Haus dadurch in Misskredit gebracht wird, dass ich früh Sodawasser holen lasse, damit die ganze Nachbarschaft sagt: „Caudle war letzte Nacht betrunken." Nein: Ich habe eine gewisse Rücksicht auf die lieben Kinder, falls Sie das nicht getan haben. Nein, du sollst auch keine Brühe zum Abendessen haben. Kein Hammelhals überschreitet meine Schwelle, das kann ich Ihnen sagen.

„ *Du willst keine Limonade* und *du willst keine Brühe* ?" Umso besser. Sonst würdest du sie nicht bekommen, das kann ich dir versichern. - Liebes, liebes, liebes! Dieser dreckige Tabak! Ich bin mir sicher, dass es ausreicht, um mich genauso schlecht zu machen wie Sie. Apropos Scheidung: Ich bin mir sicher, dass Tabak ein guter Grund sein sollte. Wie wenig denkt eine Frau, wenn sie heiratet, dass sie sich der Vergiftung hingibt! Ihr Männer schafft es, alles auf eurem eigenen Konto zu haben, das tut ihr. Wenn ich jetzt gehen und dich und die Kinder zurücklassen würde, gäbe es einen ziemlichen Lärm! Du kannst aber hingehen und jede Menge Pfeifen rauchen und – *Du hast nicht geraucht* ? Es ist egal, Herr Caudle, wenn Sie unter rauchende Menschen gehen. Leute erkennt man an ihrer Firma. Du rauchst lieber selbst, als die Pfeifen aus aller Welt mit nach Hause zu nehmen.

„Ja, ich sehe, wie es sein wird. Wenn Sie einmal in einer Taverne waren, werden Sie immer wieder dorthin gehen. Sie werden jeden Abend beschwipst nach Hause kommen; und umfallen und dir das Bein brechen und deine Schulter ausstrecken; und uns allerlei Schande und Kosten bringen. Und dann geraten Sie in eine Straßenschlacht – oh! Ich kenne Ihr Temperament zu gut, um daran zu zweifeln, Mr. Caudle – und einige der Polizisten niederzuschlagen. Und dann weiß ich, was folgen wird. Es *muss* folgen. Ja, Sie werden für einen Monat oder sechs Wochen auf das Laufband geschickt. Hübsch, dass ein angesehener Kaufmann, Mr. Caudle, mit allen möglichen Dieben und Vagabunden auf die Tretmühle gebracht wird, und – da ist wieder dieser schreckliche Tabak! - und Gesindel aller Art. Ich würde gerne wissen, wie Ihre Kinder den Kopf hochhalten sollen, nachdem ihr Vater auf dem Laufband war? - NEIN; Ich *werde nicht* schlafen gehen. Und ich rede nicht vom Unmöglichen. Ich weiß, dass alles passieren wird – bis ins kleinste Detail. Wenn die lieben Kinder nicht wären, wärst du vielleicht ruiniert und ich würde nicht einmal darüber sprechen, aber – oh, mein Gott, mein Gott! Zumindest könntest du dorthin gehen, wo sie *guten* Tabak rauchen – aber ich darf nicht vergessen, dass ich ihre Mutter bin. Sie müssen mindestens *einen* Elternteil haben.

„Tavernen! Niemals ging ein Mann in eine Taverne, der nicht als Bettler starb. Und wie Ihre Cannabis-Kollegen Sie auslachen werden, wenn sie Ihren Namen in der Gazette sehen! Denn es *muss* passieren. Ihr Geschäft wird mit Sicherheit scheitern; Denn welche anständigen Leute würden Spielzeug für ihre Kinder von einem Trunkenbold kaufen? Du bist kein Trunkenbold! Nein: aber du wirst es sein – es ist alles das Gleiche.

„Du hast damit begonnen, bis Mitternacht draußen zu bleiben. Nach und nach wird es die ganze Nacht dauern. Aber glauben Sie nicht, Herr Caudle, dass Sie jemals einen Schlüssel haben werden? Ich kenne Sie. Ja; Das würdest du genau so machen, Prettyman, und was hat er gemacht, erst letzten Mittwoch? Er ließ sich gegen vier Uhr morgens ein und brachte seinen Pot-Begleiter Puffy mit nach Hause. Seine liebe Frau wachte um sechs auf und sah Prettymans schmutzige Stiefel an ihrem Bett. Und wo war der Unglückliche, ihr Mann? Er hat unten getrunken – geschüttelt. Ja; Schlimmer als ein Mitternachtsräuber, er hatte seiner lieben Frau die Schlüssel aus den Taschen genommen – ha! was dieses arme Geschöpf ertragen muss! - und hatte den Brandy ergattert. Eine schöne Sache für eine Frau, um sechs Uhr morgens aufzuwachen und statt ihres Mannes dessen schmutzige Stiefel zu sehen!

„Aber ich werde nicht zu Ihrem Opfer gemacht, Mr. Caudle, nicht ich. Sie werden niemals an meine Schlüssel gelangen, denn sie werden unter meinem Kissen liegen – unter meinem eigenen Kopf, Mr. Caudle.

„Du wirst ruiniert sein, aber wenn ich es verhindern kann, wirst du niemanden außer dir selbst ruinieren.

„ Oh , das ist schrecklich tob – ac – co!"

Zu diesem Vortrag gibt Caudle *keinen Kommentar ab. Wir denken , ein sicherer Beweis dafür , dass der Mann nichts zu sagen hatte.*

VORTRAG III –
HERR. CAUDLE TRITT EINEM CLUB BEI –
„THE SKYLARKS“.

„Na, wenn es für eine Frau nicht besser wäre, im Grab zu liegen, als zu heiraten! Das heißt, wenn sie nicht mit einem anständigen Mann verheiratet werden kann. NEIN; Es ist mir egal, ob du müde bist, ich *lasse dich nicht* schlafen. Nein, und ich werde morgen früh nicht sagen, was ich zu sagen habe; Ich werde es jetzt sagen. Es ist schön und gut, wenn du nach Hause kommst, wann immer du willst – es ist jetzt halb eins – und von mir erwartest, dass ich den Mund halte und dich schlafen lasse. Was kommt als nächstes, frage ich mich? Eine Frau sollte besser sofort als Sklavin verkauft werden.

„Und Sie sind also einem Verein beigetreten? Die Feldlerchen, tatsächlich! Eine hübsche Lerche, die du selbst machen wirst! Aber ich werde nicht bleiben und mich von dir ruinieren lassen. Nein: Da bin ich fest entschlossen. Ich werde gehen und die lieben Kinder mitnehmen, und vielleicht bekommen Sie, wem Sie möchten, das Haus zu behalten. Das heißt, solange man ein Haus zu behalten hat – und das wird nicht lange dauern, ich weiß.

„Wie kann ein anständiger Mann seine Nächte in einer Taverne verbringen! - Oh ja, Herr Caudle; Ich gehe davon aus, dass Sie sich für ein rationales Gespräch entscheiden . Ich würde gerne wissen, wie viele von Ihnen sich für das interessieren würden, was Sie als rationale Konversation bezeichnen, wenn Sie sie ohne Ihren schmutzigen Brandy und Wasser führen würden; ja, und dein schmutzigerer Tabakrauch. Ich bin sicher, als du das letzte Mal nach Hause kamst, hatte ich eine Woche lang Kopfschmerzen. Aber ich weiß, wer es ist, der dich ins Verderben führt. Das ist so brutal, Prettyman. Er hat seiner armen Frau das Herz gebrochen, und jetzt will er es – aber glauben Sie das nicht, Mr. Caudle? Ich werde nicht zulassen, dass mir der beste Mann, der je auf der Welt war, meinen Seelenfrieden zerstört. Oh ja! Ich weiß, dass es dir egal ist, solange du vor der ganzen Welt gut aussehen kannst, aber die Welt macht sich kaum Gedanken darüber, wie du dich mir gegenüber benimmst. Es wird jedoch wissen, dass ich entschlossen bin.

„Wie jeder Mann seinen eigenen, glücklichen Kamin verlassen kann, um zu sitzen, zu rauchen, zu trinken und mit Menschen zu reden, von denen keiner von ihnen einen Finger rühren würde, um ihn vor dem Hängen zu retten – wie jeder Mann seine Frau verlassen kann – und auch eine gute Frau, obwohl ich es sage – für eine Menge Pot-Kameraden – oh, das ist eine Schande, Mr. Caudle; es ist gefühllos. Kein Mann, der seine Frau auch nur im Geringsten liebte, konnte es schaffen.

„Und ich nehme an, das soll jeden Samstag der Fall sein? Aber ich weiß, was ich tun werde. Ich weiß – es nützt nichts, Mr. Caudle, dass Sie mich ein gutes Geschöpf nennen: Ich bin nicht so dumm, mich auf diese Weise überreden zu lassen. NEIN; Wer schlafen gehen möchte, sollte zur christlichen Zeit nach Hause kommen, nicht um halb eins. Es gab eine Zeit, da saß man genauso regelmäßig am Kamin wie der Wasserkocher. Damals warst du ein anständiger Mann und gingst nicht unter Himmel weiß wer, trinkst und rauchst und machst Witze, was du denkst. Ich habe noch nie gehört , dass einem Mann etwas Gutes widerfuhr, dem Witze am Herzen lagen. Das macht kein seriöser Handwerker. Aber ich weiß, was ich tun werde: Ich werde eure Lerchen verscheuchen. Das Haus serviert samstags nach zwölf Uhr Alkohol. Und wenn ich nicht an die Richter schreibe und mir die Lizenz entzogen wird, liege ich diese Nacht nicht in diesem Bett. Ja, Sie können mich eine dumme Frau nennen; aber nein, Herr Caudle, nein; Du bist der dumme Mann; oder schlimmer als ein dummer Mann; Du bist ein Bösewicht. Wenn Sie morgen sterben würden – und Menschen, die in Gaststätten gehen, tun alles, um ihr Leben zu verkürzen – würde ich gerne wissen, wer auf Ihren Grabstein schreiben würde: „Ein zärtlicher Ehemann und ein liebevoller Vater“? *Ich* - ich würde nicht zulassen, dass Ihnen solche Unwahrheiten erzählt werden, das kann ich Ihnen versichern.

„Geh hin und gib dein Geld aus und – Unsinn! Sag es mir nicht – nein, wenn du es zehnmal schwören würdest, würde ich nicht glauben, dass du an einem Samstag nur achtzehn Pence ausgegeben hast. Man kann nicht so viele Stunden verbringen und nur achtzehn Pence ausgeben. Ich weiß es besser. Ich bin nicht ganz dumm, Mr. Caudle. Für achtzehn Pence könnte man viel bekommen! Und alle im Club verheirateten Männer und Familienväter. Umso mehr Schande für sie ! In der Tat, Feldlerchen! Sie sollten sich Geier nennen; Denn das können sie nur tun, indem sie ihre unschuldigen Frauen und Kinder auffressen. Achtzehn Pence pro Woche! Und wenn es nur das wäre, wissen Sie, wie viel zweiundfünfzig Achtzehn Pence in einem Jahr ergeben? Denken Sie jemals daran und sehen Sie die Kleider, die ich trage? Ich bin mir sicher, dass ich mir von meinem Hausgeld kein Nadelkissen kaufen kann; obwohl ich mir schon seit sechs Monaten eins gewünscht habe. Nein – nicht einmal ein Wattebausch. Aber was kümmert es Sie, damit Sie Ihren Brandy und Wasser bekommen? Da sind auch die Mädchen – die Dinge, die sie wollen! Sie sind nie wie die Kinder anderer Leute gekleidet. Aber ihrem Vater ist es egal. Oh ja! Damit er mit seinen Feldlerchen gehen kann, tragen sie möglicherweise Sackleinen als Schürzen und Packgarn als Strumpfbänder.

„Sie sollten diesen Mr. Prettyman besser nicht hierherkommen lassen, das ist alles; oder besser gesagt, du bringst ihn besser einmal mit. Ja, ich würde ihn gerne sehen. Er würde es nicht vergessen. Ein Mann, der, so darf ich sagen, nur in einem Spucknapf lebt und sich bewegt. Ein Mann, der eine Pfeife im Mund hat, die so konstant ist wie seine Vorderzähne. Eine Art Wirtshauskönig, mit vielen Narren wie Ihnen, die über seine Witze lachen und ihm Konsequenzen verschaffen. Nein, Herr Caudle, nein; Es nützt nichts, wenn du mir sagst, ich solle schlafen gehen, denn das werde ich nicht tun. Schlafen Sie wirklich! Ich bin sicher, es ist fast Zeit aufzustehen. Ich weiß kaum, was es nützt, jetzt überhaupt ins Bett zu gehen.

„Die Feldlerchen, tatsächlich! Ich gehe davon aus, dass Sie sich einen „Kleinen Waldsänger" kaufen und im Laufe Ihres Lebens versuchen werden, zu singen. Als nächstes werden die Pfauen singen. Ein hübscher Name, den man in der Nachbarschaft bekommt ; und schon bald wirst du ein schönes Gesicht haben. Deine Nase wird schon immer röter: und du hast nur eine dieser Nasen, zu denen der Alkohol immer fliegt. *Siehst du nicht, dass es rot ist* ? Nein – ich glaube nicht – aber *ich* sehe es; *Ich* sehe sehr viele Dinge, die du nicht siehst. Und so geht es weiter. In Kürze mit Ihrem Brandy und Wasser – sagen Sie mir nicht, dass Sie nur zwei kleine Gläser nehmen: Ich weiß, was zwei kleine Gläser für Männer sind; Schon nach kurzer Zeit wirst du ein Gesicht haben , als wäre es aus Johannisbeermarmelade gemacht. Und ich wüsste gern, wer dich dann ertragen soll? Das werde ich nicht, und deshalb denke ich auch nicht daran. Komm nicht zu mir.

„Schöne Gewohnheiten lernen Männer in Clubs! Da ist Joskins : Früher war er ein anständiges Wesen, und jetzt habe ich gehört, dass er seiner Frau mehr als einmal eine Ohrfeige gegeben hat. Er ist auch ein Feldlerche. Und ich nehme an, eines Tages wirst du versuchen, *mir* eine Ohrfeige zu verpassen? Versuchen Sie es nicht, Mr. Caudle; Ich sage, versuchen Sie es nicht. Ja – es ist ganz schön und gut, wenn Sie sagen, dass Sie es nicht so meinen – aber ich sage nur noch einmal: Versuchen Sie es nicht. Sie würden es bis zu Ihrem Tod bereuen, Mr. Caudle.

„Vier Stunden lang in einer Taverne sitzen und sitzen! Ich kann mir nicht vorstellen, worüber Männer reden können, es sei denn, sie haben ihre Frauen dabei. Natürlich nicht gut.

„Achtzehn Pence pro Woche – und Brandy und Wasser trinken, genug, um ein Boot schwimmen zu lassen! Und rauchend wie der Schornstein eines Dampfschiffes! Und ich kann mir nicht einmal ein Stück Klebeband leisten! Es ist brutal, Mr. Caudle. Es ist sehr brutal . "

„ Und hier ", sagt Caudle – „ Hier , dem Himmel sei Dank !" Endlich ist sie eingeschlafen .

VORTRAG IV –
HERR. CAUDLE wurde aus seinem Bett gerufen, um Mr. gegen Kaution freizulassen. Hübscher Mann aus dem Wachhaus

„Pfui, Mr. Caudle, ich wusste, dass es so weit kommen würde. Das habe ich gesagt, als du dich diesen kostbaren Lerchen angeschlossen hast. Menschen werden rund um die Uhr aus ihren Betten gerufen, um eine Gruppe von Kerlen zu retten, die nie so glücklich sind, als wenn sie nüchterne Männer ins Verderben führen. Ich würde gerne wissen, was die Nachbarn von Ihnen halten, wenn um zwei Uhr morgens Leute von der Polizei an die Tür klopfen? Sagen Sie mir nicht, dass der Mann missbraucht wurde: Er ist nicht der Mann, der missbraucht werden darf. Und du musst gehen und ihn gegen Kaution retten! Ich kenne das Ende: Er wird weglaufen und du musst das Geld bezahlen. Ich würde gerne wissen, welchen Nutzen meine Arbeit und mein Sklavenhandel haben, um einen Heller zu sparen, wenn man Pfunde auf seine kostbaren Feldlerchen verschwendet. Morgen früh wirst du eine ziemliche Erkältung haben, wenn du bei diesem Wetter aus deinem warmen Bett gerufen wirst; aber denkst du nicht, dass ich dich stillen werde – nicht ich; Von mir bekommst du keinen Tropfen Brei .

„Ich bin mir sicher, dass Sie viele Möglichkeiten haben, Ihr Geld auszugeben – und es nicht für eine Gruppe entschlossener Friedensbrecher wegzuwerfen. Es ist schön und gut, wenn Sie sagen, dass Sie Ihr Geld nicht weggeworfen haben, aber Sie werden es tun. Er wird mit Sicherheit davonlaufen; Es ist unwahrscheinlich, dass er vor Gericht steht, und Sie werden mit der Kaution freigelassen. Sagen Sie mir nicht, dass es in dieser Angelegenheit keinen Prozess gibt, denn ich weiß, dass es einen gibt; Der Grund, warum er eingesperrt wurde, war mehr als der Streit mit dem Polizisten. Dafür werden die Leute nicht eingesperrt. Nein, es geht um Raub oder vielleicht um etwas Schlimmeres.

„Und da Sie ihn auf Kaution freigelassen haben, werden die Leute denken, Sie seien genauso schlecht wie er. Sagen Sie mir nicht, Sie hätten nicht anders können, als ihn zu retten. Du hättest dich als respektabler Mann erweisen und ihn ins Gefängnis schicken sollen.

„Jetzt wissen die Leute, dass Sie der Freund betrunkener und unordentlicher Menschen sind, Sie werden nie eine Nacht in Ihrem Bett schlafen können. Nicht, dass es eine Rolle spielen würde, was Ihnen zugestoßen ist, wenn nicht Ihre arme Frau darunter gelitten hätte. Natürlich wird das ganze Geschäft in den Zeitungen stehen, und Ihr Name dazu. Ich würde mich auch nicht wundern, wenn sie Ihr Bild genauso vermitteln wie die anderen Leute im Old Bailey. Eine hübsche Sache, die Sie Ihren Kindern schenken können. Ich bin mir sicher, dass es ausreichen wird, um sie dazu zu bringen, ihren Namen zu ändern. Nein, ich werde nicht schlafen gehen; Es ist völlig in Ordnung, wenn du nach so einer Störung sagst: Geh schlafen. Aber ich werde nicht schlafen gehen, Herr Caudle; sicherlich nicht."

„ Ihr Wille , daran habe ich keinen Zweifel", sagt Caudle, *„ war stark ; aber die Natur war stärker* und *sie schlief tatsächlich; Diese Nacht hat mir einen bemerkenswert kurzen Vortrag gehalten ."*

VORTRAG V –
HERR. CAUDLE ist bis nach eins unten bei einem Freund geblieben

„Hübsche Zeit, ins Bett zu gehen, Mr. Caudle. Pfui! So kalt wie jedes Eis. Genug, um jeder Frau den Tod zu bescheren, da bin ich mir sicher. Was!

„ Ich hätte die Kohlen nicht einschließen sollen ?“

„Wenn ich es nicht getan hätte, wäre der Kerl zweifellos die ganze Nacht geblieben. Es ist schön und gut für Sie, Mr. Caudle, die Leute nach Hause zu bringen – aber ich wünschte, Sie würden zuerst darüber nachdenken, was es zum Abendessen gibt. Diese schöne Schweinekeule hätte morgen zu unserem Abendessen gereicht – und jetzt ist sie weg. Mit dem Geld kann *ich* das Haus nicht behalten, und ich werde auch nicht so tun, als ob ich es tun würde, wenn man jeden Abend eine Menschenmenge mitbringt, um den Schrank auszuräumen.

„Ich frage mich, wer so bereit sein wird, dir ein Abendessen zu geben, wenn du eines willst. Denn wenn du eines willst, wirst du es tun, es sei denn, du änderst deine Pläne. Sag es mir nicht! Ich weiß, dass ich Recht habe. Erst wird man dich auffressen und dann auslachen. Ich kenne die Welt. Nein, in der Tat, Mr. Caudle, ich denke nicht schlecht über jeden; Sag das nicht. Aber ich kann mir keine Schweinekeule vorstellen, die auf diese Weise verspeist wird, ohne mich zu fragen: Was soll das alles, wenn so etwas passiert? Und dann muss er auch noch Gurken haben! Konnte mit meinem Kohl nicht zufrieden sein – nein, Mr. Caudle, ich lasse Sie nicht schlafen. Es ist sehr gut, dass du sagst, lass dich schlafen, nachdem du mich bis zu diesem Zeitpunkt wach gehalten hast.

„ Warum bin ich wach geblieben ?

„Wie könnte ich wohl einschlafen, wenn ich wüsste, dass der Mann unten Ihre Substanz in Brandy und Wasser trinkt? denn er konnte sich nicht mit anständigem, gesundem Gin zufrieden geben. Auf mein Wort, Sie sollten ein reicher Mann sein, Mr. Caudle. Du hast so tolle Freunde, ich frage mich, wer dir Brandy gibt, wenn du ausgehst!

„Nein, tatsächlich konnte er mit meinem eingelegten Kohl nicht zufrieden sein – und ich würde gerne wissen, wer besser ist –, aber er muss Walnüsse haben. Und auch Sie sind wie ein Idiot – denken Sie doch nicht daran, mich aufzuhalten, Mr. Caudle; Eine arme Frau kann zu Tode getrampelt werden und kein Wort sagen – auch Sie, wie ein Idiot – ich frage mich, wer das für Sie tun würde – darauf zu bestehen, dass das Mädchen eingelegte Walnüsse holen geht. Und das in so einer Nacht! Mit Schnee auf dem Boden. Ja; Sie sind ein Mann mit guten Gefühlen, Mr. Caudle; Aber die Welt kennt dich nicht so, wie ich dich kenne – wirklich schöne Gefühle! um das arme Mädchen rauszuschicken, als ich es dir und auch deinem Freund erzählte – er ist sicher ein ziemlicher Kerl –, dass das arme Mädchen eine Erkältung hatte und, ich wage zu sagen, Frostbeulen an den Zehen hatte. Aber ich weiß, was das Ende davon sein wird; Sie wird bettlägerig sein und wir werden eine schöne Arztrechnung haben. Und du wirst es bezahlen, das kann ich dir sagen – denn das werde *ich* nicht tun.

„ Du wünschst, du wärst nicht auf der Welt ?“

"Oh! ja, das ist alles ganz einfach. Ich bin mir sicher, dass *ich* es mir wünschen könnte. Fluche nicht so schrecklich! Haben Sie keine Angst, dass das Bett sich öffnet und Sie verschluckt? Und schwingen Sie nicht so herum. *Das* wird nichts nützen. *Das* bringt die Schweinekeule und den Brandy, den Sie sich in beide Kehlen geschüttet haben, nicht zurück. Oh, ich weiß es, ich bin mir sicher. Ich erinnerte mich erst daran, als ich ins Bett ging – und wenn es nicht so kalt gewesen wäre, hättest du mich wieder unten gesehen, das kann ich dir sagen – ich habe mich daran erinnert, und es sind schon zwei schöne Stunden vergangen – dass ich den Schlüssel im Schrank gelassen habe – und ich weiß es – ich konnte es an deiner Art erkennen, als du das Zimmer betratst – ich weiß, dass du die andere Flasche hast. Es gibt jedoch einen Trost: Sie haben mir gesagt, ich solle den besten Brandy – den allerbesten – für Ihren anderen Freund holen, der letzten Mittwoch angerufen hat. Ha! Ha! Es war britisch – das billigste britisch – und schön und krank. Ich hoffe, Sie beide werden morgen wieder da sein.

„Von der Schweinekeule sind nur noch die blanken Knochen übrig! Aber zum Abendessen bekommst du nichts anderes, das kann ich dir sagen. Es ist schrecklich, dass die armen Kinder darauf verzichten müssen – aber wenn sie einen solchen Vater haben, müssen sie, die armen Dinge, dafür leiden.

„Fast eine ganze Schweinekeule und ein Pint Brandy! Ein Pint Brandy und eine Schweinekeule. Ein Bein von – Bein – Bein – Pint –“

„ Und die Silben murmelnd “, heißt es in Mr. Caudles MS., *„ schlief sie ein .“*

VORTRAG VI –
HERR. CAUDLE HAT EINEM BEKANNTEN
DEN FAMILIENSCHIRM GELIEHEN

„Bah! Das ist der dritte Regenschirm seit Weihnachten, der weg ist.

„ *Was solltest du tun* ?

„Lassen Sie ihn natürlich im Regen nach Hause gehen. Ich bin mir sehr sicher, dass nichts an *ihm* verderben könnte. Nehmen Sie sich tatsächlich eine Erkältung! Er scheint nicht der Typ zu sein, der Erkältungen verträgt. Außerdem hätte er sich besser erkältet als unseren einzigen Regenschirm. Hören Sie den Regen, Mr. Caudle? Ich sage: Hörst du den Regen? Und solange ich lebe, wenn es nicht der St. Swithin-Tag ist! Hörst du es gegen die Fenster? Unsinn; Du zwingst mich nicht auf. Bei so einem Schauer kann man nicht schlafen! Hörst du es, sage ich? Oh, du *hörst* es! Nun, das ist meiner Meinung nach eine ziemliche Flut, die sechs Wochen anhält; und kein ständiges Umrühren außerhalb des Hauses. Puh! Halten Sie mich nicht für einen Idioten, Mr. Caudle. Beleidige mich nicht. *Er* Gib den Regenschirm zurück ! Jeder würde denken, dass du gestern geboren wurdest. Als ob jemals jemand einen Regenschirm zurückgegeben *hätte* ! Da – hörst du es! Schlechter und schlechter! Katzen und Hunde, und zwar sechs Wochen lang, immer sechs Wochen lang. Und kein Regenschirm!

„Ich möchte wissen, wie die Kinder morgen zur Schule gehen sollen? Ich bin fest davon überzeugt, dass sie so ein Wetter nicht durchmachen werden. Nein: Sie sollen zu Hause bleiben und nie etwas lernen – die gesegneten Geschöpfe! - lieber als hingehen und nass werden. Und wenn sie erwachsen sind, frage ich mich, wem sie das Nichtswissen zu verdanken haben – wem außer ihrem Vater? Menschen, die nicht mit ihren eigenen Kindern mitfühlen können, sollten niemals Väter werden.

„Aber ich weiß, warum du den Regenschirm geliehen hast. Oh ja; Ich weiß sehr gut. Ich würde morgen bei der lieben Mutter zum Tee ausgehen – das wusstest du; Und du hast es mit Absicht getan. Sag es mir nicht; Du hasst es, wenn ich dorthin gehe, und nutzt jeden gemeinen Vorteil aus, um mich daran zu hindern. Aber glauben Sie das nicht, Mr. Caudle? Nein Sir; Wenn es in Eimern voll kommt, gehe ich umso mehr. Nein: Und ich werde kein Taxi nehmen. Woher soll Ihrer Meinung nach das Geld kommen? Du hast in deinem Club gute Vorstellungen. Ein Taxi, tatsächlich! Hat mich mindestens sechzehn Pence gekostet – sechzehn Pence ! zwei und acht Pence, denn da ist wieder zurück. Tatsächlich Taxis! Ich würde gerne wissen, wer sie bezahlen soll ; *Ich kann* sie nicht bezahlen , und ich bin sicher, dass Sie das auch nicht können, wenn Sie so weitermachen; Ihr Eigentum wegwerfen und Ihre Kinder betteln lassen – Regenschirme kaufen!

„Hören Sie den Regen, Mr. Caudle? Ich sage: Hörst du es? Aber es ist mir egal – ich werde morgen zu meiner Mutter gehen: Das werde ich; und außerdem werde ich jeden Schritt des Weges gehen – und du weißt, das wird mir den Tod bescheren. Nennen Sie mich nicht eine dumme Frau, Sie sind der dumme Mann. Du weißt, dass ich keine Clogs tragen kann; Und ohne Regenschirm bekomme ich bei Nässe sicher eine Erkältung – das passiert immer. Aber was interessiert dich daran? Gar nichts. Es kann sein, dass ich für das, was Sie interessiert, bezahlt werde, und das werde ich wohl auch tun – und dann wird es eine hübsche Arztrechnung geben. Ich hoffe, dass es so sein wird! Es wird Ihnen beibringen, Ihre Regenschirme wieder zu leihen. Ich sollte mich nicht wundern, wenn ich meinen Tod erwischte; ja: und dafür hast du den Regenschirm geliehen. Natürlich!

„Ich werde mir auch schöne Klamotten zulegen, wenn ich so ein Wetter überstehen muss. Mein Kleid und meine Haube werden ziemlich verwöhnt sein .

„ Muss ich *sie dann nicht tragen* ?“

„In der Tat, Mr. Caudle, ich *werde* sie tragen . Nein, Sir, ich gehe nicht schäbig aus, um Ihnen oder irgendjemandem anderen zu gefallen. Gracious weiß es! es kommt nicht oft vor, dass ich die Schwelle überschreite; tatsächlich könnte ich genauso gut sofort ein Sklave sein – besser, würde ich sagen. Aber wenn ich ausgehe, - Mr. Caudle, entscheide ich mich dafür, wie eine Dame zu gehen. Oh! dieser Regen - wenn es nicht ausreicht, die Fenster einzuschlagen.

"Pfui! Ich freue mich voller Angst auf morgen! Wie ich zur Mutter gehen soll, kann ich sicher nicht sagen. Aber wenn ich sterbe, werde ich es tun. Nein Sir; Ich werde mir keinen Regenschirm ausleihen. NEIN; Und du sollst keins kaufen. Nun, Mr. Caudle, hören Sie sich das nur an: Wenn Sie noch einen Regenschirm mit nach Hause bringen, werfe ich ihn auf die Straße. Ich werde meinen eigenen Regenschirm haben oder gar keinen.

"Ha! Und erst letzte Woche habe ich eine neue Düse an diesem Regenschirm anbringen lassen. Ich bin mir sicher, wenn ich so viel gewusst hätte, wie ich es jetzt weiß, wäre es für mich vielleicht ohne eines ausgekommen. Bezahlen Sie für neue Düsen, damit andere Sie auslachen. Oh, es ist alles sehr gut für dich, du kannst schlafen gehen. Du hast nicht an deine arme, geduldige Frau und deine eigenen lieben Kinder gedacht. Ihnen fällt nichts anderes ein, als Regenschirme zu leihen!

„Männer, in der Tat! - nennen sich Herren der Schöpfung! - hübsche Herren, wenn sie sich nicht einmal um einen Regenschirm kümmern können!

„Ich weiß, dass der Spaziergang morgen mein Tod sein wird. Aber das ist es, was Sie wollen – dann können Sie in Ihren Club gehen und machen, was Sie wollen – und dann werden meine armen, lieben Kinder gut ausgenutzt – aber dann, mein Herr, dann werden Sie glücklich sein. Oh, erzähl es mir nicht! Ich weiß das du wirst. Sonst hättest du den Regenschirm nie geliehen!

„Du musst wegen dieser Vorladung am Donnerstag gehen und kannst natürlich nicht gehen. Nein, tatsächlich geht es *nicht* ohne Regenschirm. Vielleicht verlierst du deine Schulden, egal, was mich interessiert – es wird nicht so sehr sein, dass du deine Kleidung ruinierst – besser, du verlierst sie: Menschen, die Regenschirme leihen, haben es verdient, Schulden zu verlieren!

„Und ich möchte wissen, wie ich ohne Regenschirm zur Mutter gehen soll! Oh, erzähl mir nicht, dass ich gesagt habe, dass ich gehen *würde* – das hat nichts damit zu tun; gar nichts. Sie wird denken, dass ich sie vernachlässige, und das bisschen Geld, das wir haben sollten, werden wir überhaupt nicht haben – weil wir keinen Regenschirm haben.

„Die Kinder auch! Liebe Dinge! Sie werden klatschnass sein; denn sie sollen nicht zu Hause bleiben – sie sollen ihre Gelehrsamkeit nicht verlieren; Das ist alles, was ihr Vater ihnen hinterlassen wird , da bin ich mir sicher. Aber sie *sollen* zur Schule gehen. Sagen Sie mir nicht, ich hätte gesagt, dass sie es nicht tun sollten: Sie sind so nervig, Caudle; Du würdest einem Engel die Laune verderben. Sie *sollen* zur Schule gehen; Markiere das. Und wenn sie an Erkältung sterben, ist es nicht meine Schuld – ich habe den Regenschirm nicht geliehen.“

„ *Endlich* “, schreibt Caudle, „ *schlief ich ein; und träumte, dass der Himmel sich in grünen Kattun mit Fischbeinrippen verwandelte ; dass sich tatsächlich* die ganze Welt *unter einem gewaltigen Schirm drehte* !“

VORTRAG VII –
HERR. CAUDLE HAT EINE REMONSTRANZ ÜBER DAS ABENDESSEN SEINES TAGES GEwagt: KALTES HAMMEL UND KEIN PUDDING. - FRAU. CAUDLE VERTEIDIGT DIE KALTE SCHULTER

„Ähm! Ich bin sicher! Also! Ich frage mich, was es als nächstes sein wird? Jetzt gibt es nichts Richtiges mehr – überhaupt nichts. Ich denke, es ist besser, das Haus jemand anderem zu überlassen. Ich kann es jetzt anscheinend nicht tun; Ich stehe hier nur im Weg: Ich nehme lieber die Kinder und gehe.

„Worüber meckere ich jetzt? Es ist sehr gut, dass Sie das fragen! Ich bin mir sicher, dass ich besser nicht mehr auf der Welt sein sollte, als – jetzt, Mr. Caudle; Da bist du wieder! Ich *werde* sprechen, Sir. Es kommt nicht oft vor, dass ich meinen Mund öffne, der Himmel weiß! Aber du magst es, wenn niemand außer dir selbst redet. Du hättest einen Negersklaven heiraten sollen und nicht irgendeine anständige Frau.

„Du sollst den ganzen Tag wie ein Donnerwetter durch das Haus gehen, und ich darf kein Wort sagen. Woher kommt Ihrer Meinung nach der Pudding jeden Tag? Sie zeigen Ihren Kindern ein schönes Beispiel, das tun Sie; sich beschweren und bei einem süßen Stück kaltem Hammelfleisch die Nase rümpfen, weil es keinen Pudding gibt! Du gehst einen guten Weg, sie extravagant zu machen – bringe ihnen nette Lektionen bei, mit denen sie die Welt beginnen können. Wissen Sie, was Pudding kostet? Oder glaubst du, sie fliegen durch das Fenster rein?

„Du hasst kaltes Hammelfleisch. Umso mehr Schande für Sie, Mr. Caudle. Ich bin mir sicher, dass Sie den Magen eines Lords haben. Nein, Sir: Ich habe mich nicht dafür entschieden, das Hammelfleisch zu hacken. Es fällt Ihnen sehr leicht, „Hash it" zu sagen; Aber *ich* weiß, was ein Joint beim Hashen verliert: Es ist das Abendessen eines Tages, umso weniger, wenn es nur ein bisschen ist. Ja, das wage ich zu behaupten; andere Leute essen vielleicht Pudding mit kaltem Hammelfleisch. Daran besteht kein Zweifel; und andere Leute werden bankrott. Aber wenn Sie jemals in die Gazette kommen, ist es nicht meine *Schuld* – nein; Ich werde meine Pflicht als Ehefrau Ihnen gegenüber erfüllen, Mr. Caudle: Sie werden nie sagen, dass es *meine* Haushaltsführung war, die Sie in die Armut geführt hat. NEIN; Sie könnten über das kalte Fleisch schmollen – ha! Ich hoffe, Sie werden nie wieder so ein Stück kaltes Hammelfleisch wie heute haben wollen! und Sie könnten drohen, zum Essen in eine Taverne zu gehen; aber mit unseren

gegenwärtigen Mitteln bekommen Sie von mir nicht einen Krümel Pudding
. Du sollst nichts haben als den kalten Joint – nichts, da ich ein christlicher
Sünder bin.

"Ja; Da schmeißt du mir schon wieder diese Vögel ins Gesicht! Ich weiß, dass
du einmal ein Paar Hühner mit nach Hause gebracht hast; Ich weiß es: Und
warst du nicht gemein genug, ihnen das Geld für meine Woche entziehen zu
wollen ? Oh, der Egoismus – die Schäbigkeit der Menschen! Sie können
hinausgehen und mit einer Gruppe von Leuten, die hinterher über sie lachen,
Pfund für Pfund wegwerfen ; aber wenn es etwas ist, das für ihr eigenes
Zuhause benötigt wird, können ihre armen Frauen danach jagen. Ich
wundere mich, dass du nicht errötest, wenn du diesen Vögeln noch einmal
einen Namen gibst! Ich wäre nicht so klein für die Welt, Mr. Caudle.

"Was werden Sie tun?

„ Wirst du aufstehen ?

„Machen Sie sich nicht lächerlich, Mr. Caudle; Ich kann nicht wie jede andere
Frau ein Wort zu Ihnen sagen, aber Sie müssen drohen, aufzustehen. *Schäme*
dich doch.

„Puddings, tatsächlich! Glaubst du, ich bestehe aus Pudding? Hatten Sie vor
drei Wochen nicht gekochten Reis? Außerdem ist dies die Zeit des Jahres für
Puddings? Es ist ja alles schön und gut, wenn ich genug Geld hätte, um wie
jede andere Frau den Haushalt zu führen. Dann könnte ich in der Tat auch
über Ersparnisse verfügen wie jede andere Frau; jetzt ist es unmöglich; und
es ist grausam – ja, Mr. Caudle, grausam – von Ihnen, das zu erwarten.

„ Äpfel sind doch nicht so teuer , oder ?"

„Ich weiß, was Äpfel sind, Mr. Caudle, ohne dass Sie es mir sagen. Aber ich
nehme an, Sie wollen mehr als nur Äpfel für Knödel? Ich nehme an, Zucker
kostet etwas, oder? Und so ist es. So verursacht eine Ausgabe eine andere
und führt dazu, dass Menschen zugrunde gehen.

" Pfannkuchen ?

„Was nützt es, wenn du da lügst und über Pfannkuchen murmelst? Gibt es
sie nicht immer einmal im Jahr – jeden Faschingsdienstag? Und was wünscht
sich ein gemäßigter, anständiger Mann mehr?

„Pfannkuchen, tatsächlich! Bitte, Mr. Caudle, – nein, es hat keinen Zweck,
wenn Sie schöne Worte zu mir sagen, um Sie schlafen zu lassen; Das werde
ich nicht tun ! - Ich bete, kennen Sie gerade den Preis für Eier? Es gibt kein
Ei, dem man weniger als sieben und acht Schilling anvertrauen kann; Nun,
Sie müssen nur noch ausrechnen, wie viele Eier es gibt – liegen Sie nicht da
und beschimpfen Sie die Eier auf diese Weise, Mr. Caudle; es sei denn, Sie

erwarten, dass das Bett Sie durchfallen lässt. Sie nennen sich wohl einen respektablen Handwerker? Ha! Ich wünschte nur, die Leute würden dich genauso gut kennen wie ich! Ich beschimpfe tatsächlich Eier! Aber ich habe diesen Gebrauch satt, Mr. Caudle; ziemlich müde davon; Und es ist mir egal, wie schnell es vorbei ist!

„Ich bin mir sicher, dass ich nichts anderes mache als arbeiten und arbeiten und darüber nachdenken, wie ich das Beste aus allem machen kann. und so werde ich belohnt. Ich würde gerne jeden sehen, dessen Gelenke weiter reichen als meine. Aber wenn ich Ihr Geld auf die Straße werfen oder es in kleinen Federn für mich selbst ausgeben würde, wäre ich besser an mich gedacht. Die Frau, die ihren Mann und ihre Familie studiert, wird immer zur Last gemacht. Es sind Ihre guten , falschen Ehefrauen, die die beste Zeit haben.

„Was nützt es, dass du so stöhnend da liegst? Das wird mich nicht dazu bringen, den Mund zu halten, das kann ich Ihnen sagen. Sie denken, Sie könnten alles nach Ihren Wünschen gestalten – aber das werden Sie nicht tun, Mr. Caudle! Du kannst mein Abendessen beleidigen; Sieht aus wie ein Dämon, könnte ich sagen, bei einem gesunden Stück kaltem Hammelfleisch – ah! die Tausenden weitaus besseren Geschöpfe als Sie, die für dieses Hammelfleisch dankbar waren! - und ich darf niemals sprechen! Aber Sie irren sich – ich werde es tun. Ihr Umgang mit mir, Mr. Caudle, ist berüchtigt – eines Mannes unwürdig. Ich wünschte nur, die Leute würden dich so kennen, wie du bist. Aber ich habe dir immer wieder gesagt, dass sie es eines Tages tun werden .

„Pudding! Und jetzt werde ich wohl nur noch von Pudding hören! Ja, und ich weiß, wie es enden würde. Zuerst würdest du jeden Tag einen Pudding essen – ach, ich kenne deine Extravaganz –, dann würdest du Fisch essen, – und dann würde ich mich nicht wundern, wenn du Suppe hättest ; Schildkröte, kein Zweifel: Dann würden Sie sich für einen Nachtisch entscheiden; und – oh! Ich sehe alles so klar wie die Decke vor mir – aber nein, nicht, solange ich lebe! Was Ihre zweite Frau tun wird, weiß ich nicht; vielleicht *wird sie* eine feine Dame; aber Sie werden sich von mir nicht ruinieren lassen, Herr Caudle; dass ich entschlossen bin. Pudding, tatsächlich! Pudding - s ! Pud - ”

„ Die erschöpfte Natur “, sagt Caudle, *„ konnte nicht länger durchhalten. “ Sie ging schlafen ."*

VORTRAG VIII –
CAUDLE WURDE ZUM MAURER GEFERTIGT –
MRS. CAUDLE empört und neugierig

„Nun, Herr Caudle – Herr Caudle, ich sage: Oh, Sie können nicht schon schlafen, ich weiß jetzt, was ich sagen will, ist Folgendes; Es nützt überhaupt nichts, wenn wir uns in dieser Angelegenheit aufregen; aber endlich habe ich mich entschieden, Herr Caudle; Ich werde dich verlassen. Entweder weiß ich alles, was Sie heute Abend getan haben, oder ich verlasse morgen früh das Haus. Nein, nein; Meiner Meinung nach gibt es ein Ende der Ehe – ein Ende allen Vertrauens zwischen Mann und Frau –, wenn ein Ehemann Geheimnisse haben und sie alle für sich behalten soll. Hübsche Geheimnisse müssen das sein, wenn seine eigene Frau sie nicht kennen darf ! Ich bin mir sicher, dass es für keinen anständigen Menschen geeignet ist, es zu wissen, wenn das der Fall ist. Nun, Caudle, lass uns nicht streiten, du bist eine gute Seele, sag mir, worum es geht? Eine Menge Unsinn, wage ich zu behaupten; trotzdem – es interessiert mich nicht besonders, – trotzdem *würde ich* es gerne wissen. Da ist ein Schatz. Eh: Oh, sag mir nicht, da ist nichts drin: Ich weiß es besser. Ich bin kein Dummkopf, Mr. Caudle: Ich weiß, da ist ein gutes Geschäft drin. Nun, Caudle, erzähl mir einfach ein bisschen davon. Ich bin mir sicher, dass ich dir alles erzählen würde. Du weißt, dass ich es tun würde. Also?

„Caudle, du bist genug, um einen Heiligen zu ärgern! Glaubst du nicht, dass du schlafen wirst? weil du es nicht bist. Glaubst du, ich hätte jemals zugelassen, dass du Maurer wirst, wenn ich nicht geglaubt hätte, dass ich auch das Geheimnis kennen würde? Nicht, dass es etwas zu wissen gibt, wage ich zu behaupten; und deshalb bin ich entschlossen, es zu wissen.

„Aber ich weiß, was es ist; oh ja, da kann es keinen Zweifel geben. Das Geheimnis besteht darin, arme Frauen schlecht zu behandeln; sie tyrannisieren ; um sie zu deinen Sklaven zu machen : besonders zu deinen Frauen. Es muss so etwas sein, sonst würden Sie sich nicht schämen, wenn Sie es erfahren würden. Was richtig und richtig ist, muss niemals im Verborgenen getan werden. Es ist eine Beleidigung für eine Frau, wenn ein Mann Freimaurer ist und seine Frau nichts davon wissen lässt. Aber, arme Seele! Irgendwie weiß sie es sicher – denn das sind nette Ehemänner, die sie alle abgeben. Ja ja; Ein Teil des Geheimnisses besteht darin, besser über die ganze Welt zu denken als über ihre eigenen Frauen und Familien. Ich bin mir sicher, dass Männer genug zu tun haben – das heißt, wenn sie sich richtig verhalten –, um sich um die Dinge zu kümmern, die sie zu Hause haben. Außerdem können sie sich nicht viel um die Welt kümmern.

„Und ich nehme an, sie nennen dich *Bruder* Caudle? Ein hübscher Bruder, wirklich! Geh hin und zieh dir eine Schürze an wie ein Straßenbaumann – denn so siehst du aus. Und ich würde gerne wissen, wofür die Schürze ist? Da muss etwas sein, das nicht gerade respektabel ist, da bin ich mir sicher. Nun, ich wünschte nur, ich wäre für ein oder zwei Tage Königin. Ich würde der Freimaurerei ein Ende setzen, und all dem Trubel, das weiß ich.

„Jetzt komm, Caudle; Lasst uns nicht streiten. Äh! Du hast keine Schmerzen, Liebes? Worum geht es? Worüber lügst du da und lachst? Aber ich wäre ein Narr, mir wegen dir den Kopf zu zerbrechen.

„Und du wirst mir das Geheimnis nicht verraten, oder? Du willst damit sagen, dass du das nicht tust? Nun, Caudle, du weißt, dass es schwer ist, mich in Leidenschaft zu versetzen – nicht, dass mir das Geheimnis selbst am Herzen liegt: Nein, ich würde keinen Knopf dafür geben, es zu erfahren, denn das ist alles Unsinn, da bin ich mir sicher. Es ist nicht das Geheimnis, das mich interessiert: Es ist die Kränkung, Mr. Caudle; Es ist die wohlüberlegte Beleidigung, die ein Mann seiner Frau entgegenbringt, wenn er daran denkt, durch die Welt zu gehen und etwas für sich zu behalten, das er ihr nicht mitteilen will. Mann und Frau eins, tatsächlich! Ich würde gerne wissen, wie das sein kann, wenn ein Mann Maurer ist – wenn er ein Geheimnis hütet, das ihn und seine Frau unterscheidet? Ha, ihr Männer macht die Gesetze, und deshalb achtet ihr gut darauf, das Beste davon für euch zu haben : Sonst sollte einer Frau die Scheidung gestattet werden, wenn ein Mann Maurer wird: wenn er eine Art Eckschrank hat in seinem Herzen – einem geheimen Ort in seinem Kopf – den seine arme Frau nicht durchstöbern darf!

„Caudle, du sollst eine Woche lang deine Augen nicht schließen – nein, das wirst du nicht – es sei denn, du erzählst mir etwas davon. Komm, da ist ein gutes Geschöpf; Es gibt eine Liebe. Ich bin mir sicher, Caudle, ich würde dir nichts verweigern – und du weißt es oder solltest es inzwischen wissen. Ich wünschte nur, ich hätte ein Geheimnis! Wem sollte ich es anvertrauen, wenn nicht meinem lieben Mann? Es würde mir leid tun, es für mich zu behalten, und das wissen Sie. Jetzt Caudle?

„Gab es jemals einen solchen Mann? Ein Mann, tatsächlich! Ein Rohling! – Ja, Mr. Caudle, ein gefühlloses, brutales Geschöpf, wenn Sie mir vielleicht gehorchen würden, aber Sie werden es nicht tun. Ich bin mir sicher, dass ich nichts dagegen habe, dass du Maurer bist: überhaupt nicht, Caudle; Ich wage zu behaupten, dass es eine sehr gute Sache ist; Ich wage zu behaupten, dass es so ist – es ist nur, dass du ein Geheimnis daraus machst, das mich ärgert. Aber du wirst es mir sagen – du wirst es deiner eigenen Margaret erzählen? Das wirst du nicht! Sie sind ein Schurke, Mr. Caudle.

„Aber ich weiß warum: Oh ja, ich kann es sagen. Tatsache ist, dass Sie sich schämen, mich wissen zu lassen, was für einen Idioten sie aus Ihnen gemacht haben. Das ist es. Sie, in Ihrer Lebenszeit – der Familienvater! Ich sollte mich schämen, Caudle.

„Und ich nehme an, dass Sie jetzt jeden Abend zu dem gehen, was Sie Ihre Lodge nennen. Lodge, in der Tat! Es muss ein hübscher Ort sein, wo Frauen keinen Zutritt haben. Schöne Dinge passieren, wage ich zu behaupten. Dann nennt ihr euch gegenseitig Brüder. Brüder! Ich bin sicher, du hattest genug Verwandte, mehr wolltest du nicht.

„Aber ich weiß, worum es bei diesem Mauerwerk geht. Es ist nur ein Vorwand, um von Ihren Frauen und Familien wegzukommen, damit Sie gemeinsam feiern und trinken können, das ist alles. Das ist das Geheimnis. Und Frauen zu misshandeln, als seien sie minderwertige Tiere, denen man nicht trauen könne. Das ist das Geheimnis; und sonst nichts.

„Nun, Caudle, lass uns nicht streiten. Ja, ich weiß, dass du Schmerzen hast. Dennoch, Caudle, meine Liebe; Caudle! Liebste, sage ich! Caudle!“

„ Ich erinnere mich an nichts mehr “, sagt Caudle, *„ denn ich hatte ein herzhaftes Abendessen gegessen* und *war irgendwie nicht mehr darauf aufmerksam geworden .“*

VORTRAG IX -
HERR. CAUDLE WAR AUF DER GREENWICH FAIR

„Ho, Mr. Caudle: Ich hoffe, Sie hatten Spaß in Greenwich.

„ Woher weiß ich, dass Sie in Greenwich waren ?"

„Ich weiß es sehr gut, Sir: Ich weiß alles darüber: Ich weiß mehr, als Sie denken, dass ich es weiß. Ich dachte, da wäre etwas im Wind. Ja, dessen war ich mir sicher, als Sie heute das Haus verließen. Ich habe es an deinem Aussehen erkannt, auch wenn ich nichts gesagt habe. Auf mein Wort! Und Sie nennen sich einen respektablen Mann und einen Familienvater! Unter allen möglichen Menschen auf einen Jahrmarkt gehen – in der Zeit deines Lebens. Ja; und denke niemals daran, deine Frau mitzunehmen. Ach nein! Sie können gehen und sich amüsieren, mit wem ich weiß nicht: Gehen Sie aus und machen Sie es sich sehr angenehm, wage ich zu sagen. Sag es mir nicht; Ich höre, was für ein netter Begleiter Mr. Caudle ist, was für ein gutmütiger Mensch. Ha! Ich wünschte nur, die Leute könnten dich zu Hause sehen, das ist alles. Aber so ist es auch mit Männern. Sie können ihre ganze gute Laune im Freien behalten – ihre Frauen bekommen davon nie etwas mit. Oh je! Ich weiß sicher nicht, wer eine arme Frau wäre!

„Nun, Caudle, ich bin nicht schlecht gelaunt; gar nicht. Ich weiß, dass ich ein Narr war, als wir zum ersten Mal verheiratet waren: Ich habe mir zu Tode Sorgen gemacht und mir zu Tode geärgert, wenn du ausgegangen bist; aber ich habe das überstanden. Für den besten Mann, den es je gegeben hat, würde ich mich jetzt nicht aus dem Weg räumen. Für welchen Dank bekommt eine arme Frau? Überhaupt keine. Nein: An diejenigen, die sich nicht um ihre Familien kümmern, wird am meisten gedacht. Ich wünschte nur, ich könnte mich dazu durchringen, mich nicht um meine zu kümmern.

„Und warum konntest du nicht wie ein Mann sagen, dass du zur Greenwich Fair gehst, wenn du ausgegangen bist? Es hat keinen Sinn , das zu sagen, Mr. Caudle: Sagen Sie mir nicht, dass Sie nicht daran gedacht haben zu gehen; Du hast es dir vorgenommen und du weißt es. Schöne Spiele hast du gehabt, keine Frage! Ich hätte gerne hinter dir gestanden, das ist alles. Ein Mann in deiner Lebensphase!

„Und ich möchte natürlich nie ausgehen. Oh nein! Ich bleibe vielleicht zu Hause bei der Katze. Du könntest nicht daran denken, deine Frau und deine Kinder wie jeder andere anständige Mann auf einen Jahrmarkt mitzunehmen. Oh nein, du willst nie mit uns gesehen werden. Ich bin sicher, viele Leute wissen gar nicht, dass du verheiratet bist: wie auch? Deine Frau wird nie mit dir gesehen. Oh nein, niemand außer denen, die dir gehören!

„Greenwich Fair, tatsächlich! Ja, und natürlich bist du den Berg rauf und runter gelaufen, bist gerannt und um die Wette gelaufen, mit niemand weiß wer. Sag es mir nicht; Ich weiß, was du bist, wenn du draußen bist. Sie glauben doch nicht, Mr. Caudle, dass ich die rosa Haube vergessen habe, oder? Nein: Ich werde nicht den Mund halten, und ich bin keine dumme Frau. Es spielt keine Rolle, mein Herr, wenn die rosa Haube schon vor fünfzig Jahren war – das ist doch egal . Nein: Und wenn ich noch fünfzig Jahre lebe, werde ich nie aufhören, darüber zu reden. Sie sollten sich schämen, Mr. Caudle. Ha! Nur wenige Ehefrauen wären das gewesen, was ich für Sie gewesen bin. Ich wünschte nur, meine Zeit würde noch einmal kommen, das ist alles; Ich wäre nicht der Dummkopf, der ich war.

„Auf eine Messe gehen! Und ich nehme an, die Zigeuner haben dir die Zukunft erzählen lassen ? Sie hätten Ihr Geld nicht verschwenden müssen. Ich bin mir sicher, dass ich Ihnen Ihr Glück sagen kann, wenn Sie so weitermachen. Ja, das Gefängnis wird Ihr Vermögen sein, Mr. Caudle. Und es wäre egal – überhaupt nichts –, wenn Ihre Frau und Ihre Kinder nicht mit Ihnen leiden würden.

„Und dann musst du auf Eseln reiten.

„ Du bist nicht auf Eseln geritten ?

"Ja; Es ist sehr gut, dass Sie das sagen, aber ich wage zu behaupten, dass Sie es getan haben. Ich sage dir, Caudle, ich weiß, was du bist, wenn du draußen bist. Ich würde keinem von euch trauen – euch besonders nicht, Caudle.

„Dann musst du mitten auf den Jahrmarkt gehen und die Mädchen mit Rasseln an deinem Mantel zerkratzen!

„ Du könntest nicht anders , wenn sie deinen Mantel zerkratzt hätten ?“

„Sag es mir nicht; Menschen kratzen keine Mäntel, es sei denn, sie werden dazu ermutigt. Und Sie müssen auch in Schwung gehen.

„ Du bist nicht in Schwung gegangen ?

„Nun, wenn du es nicht getan hast, war es nicht deine Schuld; Du wolltest gehen, daran habe ich keinen Zweifel.

„Und dann musst du in die Shows gehen? So, das leugnen Sie nicht. Du bist in eine Show gegangen.

„ Was ist damit , Mr. Caudle ?“

„Eine ganze Menge davon, Sir. Das Gedränge und Gedränge bei diesen Shows ist schön, ich weiß. Hübsche Orte! Und Sie sind ein verheirateter

Mann und Familienvater. Nein: Ich werde nicht den Mund halten. Es ist sehr gut für Sie, mit dem Aufstehen zu drohen. Du sollst zur Greenwich Fair gehen, den Hügel hinauf und hinunter rennen und Kuss im Ring spielen. Pah! Es ist widerlich, Mr. Caudle. Oh, ich wage zu behaupten, dass Sie es gespielt *haben ;* wenn du es nicht getan hättest, hättest du es gern gehabt, und das ist genauso schlimm; - und Sie können in Schaukeln, Shows und Kreisverkehre gehen. Wenn ich du wäre, würde ich meinen Kopf unter der Kleidung verstecken und mich schämen.

„Und was am egoistischsten – am gemeinsten von dir, Caudle – ist, du kannst hingehen und dich amüsieren, ohne den armen Kindern auch nur eine Lebkuchennuss mit nach Hause zu bringen. Erzählen Sie mir nicht, dass Ihnen ein Pfund Nüsse aus der Tasche gezogen wurde! Nette Gesellschaft, in der Sie gewesen sein müssen, als Ihnen die Tasche gestohlen wurde.

„Aber ich wage zu behaupten, dass ich morgen alles darüber erfahren werde. Ich habe keinen Zweifel, Sir, Sie haben im Crown and Anchor getanzt. Ich hätte dich gern gesehen. Nein: Ich mache mich nicht lächerlich. Du bist es, der dich lächerlich macht; Und jeder, der dich kennt, sagt es. Jeder weiß, was ich von dir ertragen muss.

„Auf eine Messe gehen, tatsächlich! Zu deiner Zeit –“

„ *Hier* “, sagt Caudle, „ *ich bin eingenickt, als ich verwirrt die Worte hörte – Hügel – Zigeuner – Rasseln – Kreisverkehre – Schaukeln – rosa Motorhaube – Nüsse* .“

VORTRAG X –
ÜBER MR. CAUDLE'S HEMDKNÖPFE

„So, Mr. Caudle, ich hoffe, Sie sind etwas besser gelaunt als heute Morgen? Da brauchen Sie nicht zu pfeifen: Die Leute kommen nicht zu Bett, um zu pfeifen. Aber es ist wie bei dir. Ich kann nicht sprechen, dass du nicht versuchst, mich zu beleidigen. Früher habe ich immer gesagt, dass du das beste Geschöpf bist, das es gibt. Jetzt bist du ein ziemlicher Teufel.

„ *Lasst du dich ausruhen ?*

„Nein: Ich werde dich nicht ruhen lassen. Es ist das einzige Mal, dass ich mit dir reden muss, und du *wirst* mich hören. Ich werde den ganzen Tag über beansprucht: Es ist sehr schwer, wenn ich nachts kein Wort sprechen kann; außerdem kommt es nicht oft vor, dass ich meinen Mund aufmache, Gott weiß.

„Weil Ihr Hemd *einmal* im Leben einen Knopf brauchte, müssen Sie fast das Dach vom Haus schwören!

„ *Du hast nicht geschworen ?*

„Ha, Herr Caudle! Du weißt nicht, was du tust, wenn du leidenschaftlich bist.

„ *Du warst nicht in einer Leidenschaft ?*

„Warst du nicht? Nun ja, ich weiß nicht, was eine Leidenschaft ist – und ich denke, jetzt sollte ich es wissen. Ich habe lange genug bei Ihnen gelebt, Mr. Caudle, um das zu wissen.

„Es ist schade, dass Sie sich nicht über etwas Schlimmeres beschweren können, als über einen Knopf am Hemd. Wenn du *ein paar* Frauen hättest, würdest du das tun, ich weiß. Ich bin mir sicher, dass ich nie ohne Nadel und Faden in der Hand bin. Mit dir und den Kindern bin ich ein perfekter Sklave geworden. Und was ist mein Dank? Warum, wenn einmal in Ihrem Leben ein Knopf von Ihrem Hemd abgeht – warum schreien Sie dann „ *Oh* "? - Ich sage einmal, Herr Caudle; oder zweimal, oder höchstens dreimal. Ich bin sicher, Caudle, die Knöpfe eines Mannes auf der Welt werden besser gepflegt als deine. Ich wünschte nur, ich hätte die Hemden behalten, die du hattest, als du zum ersten Mal geheiratet hast! Ich würde gerne wissen, wo damals deine Knöpfe waren?

„Ja, es *lohnt* sich, darüber zu reden! Aber so versuchst du immer, mich herabzusetzen. Du gerätst in Wut, und wenn ich dann nur versuche zu sprechen, wirst du mich nicht hören. So werdet ihr Männer immer für euch reden: Eine arme Frau darf nicht zu Wort kommen.

„Eine schöne Vorstellung, die Sie von einer Frau haben, wenn man annimmt, dass sie nichts anderes ist als die Knöpfe ihres Mannes. Sie haben tatsächlich eine hübsche Vorstellung von der Ehe. Ha! Wenn arme Frauen wüssten, was sie durchmachen müssen. Was mit Knöpfen und so und so! Sie würden sich nie an den besten Mann der Welt binden, da bin ich mir sicher.

„ Was würden sie tun , Mr. Caudle ?"

„Ohne dich geht es viel besser, da bin ich mir sicher.

„Und schließlich bin ich davon überzeugt, dass der Knopf nicht am Hemd war; Ich glaube, dass Sie es geschafft haben, dass Sie vielleicht etwas zu besprechen haben. Oh, du ärgerst dich genug, wenn du willst, für alles! Ich weiß nur, dass es sehr seltsam ist, dass der Knopf am Hemd fehlt; Denn ich bin sicher, keine Frau ist eine größere Sklavin der Knöpfe ihres Mannes als ich. Ich sage nur, es ist sehr seltsam.

„Es gibt jedoch einen Trost; es kann nicht lange dauern. Ich bin von deinem Temperament zu Tode erschöpft und werde dich eine Weile nicht belästigen. Ha, du darfst lachen! Und ich wage zu behaupten, dass du lachen würdest! Daran habe ich keinen Zweifel! Das ist deine Liebe – das ist dein Gefühl! Ich weiß, dass ich jeden Tag untergehe, obwohl ich nichts darüber sage. Und wenn ich weg bin, werden wir sehen, wie deine zweite Frau sich um deine Knöpfe kümmert. Dann werden Sie den Unterschied feststellen. Ja, Caudle, dann wirst du an mich denken; denn dann, so hoffe ich, wirst du nie einen gesegneten Knopf auf deinem Rücken haben.

„Nein, ich bin keine rachsüchtige Frau, Mr. Caudle; Niemand außer dir hat mich je so genannt. Was sagen Sie?

„ Niemand hat jemals so viel über mich gewusst ?

„Das hat überhaupt nichts damit zu tun. Ha! Ich hätte dein ärgerliches Temperament nicht, Caudle, für Goldminen. Es ist gut, dass ich mir nicht so viele Sorgen mache wie du – sonst gäbe es ein schönes Haus zwischen uns. Ich wünschte nur, du hättest eine Frau gehabt, die mit dir gesprochen hätte *!* Dann wüssten Sie den Unterschied. Aber du drängst mich auf, weil ich wie ein armer Narr nichts sage. Ich sollte mich schämen, Caudle.

„Und ein schönes Beispiel, das du als Vater gegeben hast! Du wirst deine Jungs genauso schlecht machen wie dich selbst. Ich rede wie schon die ganze Frühstückszeit über deine Knöpfe! Und auch an einem Sonntagmorgen! Und du nennst dich einen Christen! Ich würde gerne wissen, was deine Jungs über dich sagen werden, wenn sie groß sind? Und alles über einen dürftigen Knopf an einem Ihrer Armbänder! Ein anständiger Mann hätte es nicht erwähnt.

„ Warum halte ich nicht den Mund ?

„Weil ich *nicht* den Mund halten werde. Mein Seelenfrieden soll zerstört werden – ich soll mir bis ins Grab Sorgen um einen elenden Hemdknopf machen, und ich soll den Mund halten! Oh! aber das ist ja genau wie bei euch Männern!

„Aber ich weiß, was ich für die Zukunft tun werde. Jeder Knopf, den Sie haben, kann abfallen, und ich werde ihnen nicht einmal einen Faden hinzufügen . Und ich würde gerne wissen, was Sie dann tun werden? Oh, du musst jemand anderen bitten, sie zu nähen , oder ? Das ist eine ziemliche Drohung für einen Mann, wenn er seine Frau damit bedroht! Und für eine Frau, wie ich es war, auch: eine solche Negersklavin, wie ich sagen darf! Jemand anderes, der sie näht , oder? Nein, Caudle, nein: nicht, solange ich lebe! Wenn ich tot bin – und bei dem, was ich ertragen muss, weiß man nicht, wie bald das sein wird – wenn ich tot bin, sage ich – oh! Was für ein Unmensch musst du sein, so zu schnarchen!

„ *Du schnarchst nicht* ?“

"Ha! das sagst du immer; aber das hat nichts damit zu tun. Du musst jemand anderen bitten, sie zu nähen , oder? Ha! Ich sollte mich nicht wundern. Ach nein! Ich sollte mich jetzt über nichts wundern! Gar nichts! Die Leute haben mir immer gesagt, dass es soweit kommen würde – und jetzt haben mir die Knöpfe die Augen geöffnet! Aber die ganze Welt wird von Ihrer Grausamkeit erfahren, Mr. Caudle. Nach der Frau war ich bei dir. Jemand anderes, der deine Knöpfe näht! Ich soll nicht länger die Herrin meines eigenen Hauses sein! Ha, Caudle! Ich würde um nichts in der Welt das, was Sie haben, auf meinem Gewissen haben! Ich würde niemanden so behandeln wie Sie – nein, ich bin nicht böse! Sie, Herr Caudle, sind verrückt oder böse – und das ist noch schlimmer! Ich kann nicht einmal von einem Hemdknopf sprechen, aber man droht mir, in meinem eigenen Haus niemand mehr zu belästigen! Caudle, du hast ein Herz wie ein Herdstein, das hast du! Um mich zu bedrohen, und nur weil ein Knopf – ein Knopf –“

„ *Mehr war mir nicht bewusst* “, sagt Caudle, „ *denn hier erlöste mich die Natur mit einem süßen , tiefen Schlaf* .“

VORTRAG XI –
FRAU CAUDLE SCHLÄGT VOR, DASS IHRE LIEBE MUTTER „KOMMEN UND BEI IHNEN LEBEN SOLLTE".

„Ist Ihre Erkältung heute Abend besser, Caudle? Ja, das dachte ich mir. Morgen wird es wieder ganz gut, nehme ich an. Das ist Liebe! Sie passen nicht genug auf sich auf, Caudle, das tun Sie nicht. Und das sollten Sie, da bin ich sicher, schon allein meinetwegen. Denn was auch immer ich tun sollte, wenn Ihnen etwas zustoßen sollte – aber ich denke daran; nein, ich kann es nicht ertragen, *daran zu denken* . Trotzdem sollten Sie auf sich aufpassen; denn Sie wissen, dass Sie nicht stark sind, Caudle; Sie wissen, dass Sie es nicht sind.

„War die liebe Mutter heute Abend nicht so glücklich mit uns? Jetzt müssen Sie nicht so plötzlich einschlafen. Ich sage, war sie nicht so glücklich?

„ *Du weißt es nicht* ?

„Wie kannst du sagen, dass du es nicht weißt? Du musst es gesehen haben. Aber sie ist hier immer glücklicher als anderswo. Ha! Was für ein Temperament hat diese liebe Seele! Ich nenne es ein seidiges Temperament; es ist so glatt, so leicht und so weich. Nichts bringt sie aus dem Weg. Und dann, wenn du nur wüsstest, wie sie deine Rolle übernimmt, Caudle! Ich bin sicher, wenn du zehnmal ihr eigener Sohn gewesen wärst, könnte sie dich nicht lieber haben. Meinst du nicht auch, Caudle? Äh, Liebes? Jetzt antworten Sie.

" *Woran erkennst du das* ?

„Unsinn, Caudle; Du musst es gesehen haben. Ich bin sicher, nichts erfreut die liebe Seele so sehr, wie wenn sie darüber nachdenkt, wie sie Dir gefallen kann.

„Erinnerst du dich nicht an den Donnerstagabend, an die geschmorten Austern, als du nach Hause kamst? Das war alles das Werk der lieben Mutter! „Margaret", sagt sie zu mir, „es ist eine kalte Nacht; Und glauben Sie nicht, dass der liebe Mr. Caudle gerne etwas Schönes hätte, bevor er zu Bett geht?' Und so, Caudle, sind die Austern entstanden. Und jetzt schlaf nicht, Caudle: Hör mir fünf Minuten lang zu. Es kommt nicht oft vor, dass ich spreche, Gott weiß.

„Und was für ein Aufhebens macht sie dann, wenn du draußen bist und deine Hausschuhe nicht für dich ins Feuer gelegt werden.

„ *Sie ist sehr gut* ? "

„Ja – das weiß ich, Caudle. Und hat sie nicht seit sechs Monaten – obwohl ich ihr versprochen habe, es dir nicht zu sagen – sechs Monate als Wachmann für dich gearbeitet! Und mit *ihren* Augen, liebe Seele – und zu *ihrer* Lebenszeit!

„Und was für eine Köchin sie ist! Ich bin mir sicher, dass die Gerichte, die sie zubereitet, aus so gut wie nichts bestehen werden! Ich gebe mir große Mühe, ihr zu folgen, aber ich schäme mich nicht, es zuzugeben, Caudle, sie ist mir deutlich überlegen. Ha! die vielen netten kleinen Dinge, die sie für dich kocht – und ich kann das nicht; Die Kinder, du weißt es, Caudle, nehmen so viel Zeit in Anspruch. Ich kann es nicht tun, Liebes; und ich mache mir oft Vorwürfe, dass ich es nicht kann. Nun, du wirst nicht schlafen gehen, Caudle; Zumindest nicht für fünf Minuten. Du musst mich hören.

„Ich habe nachgedacht, Liebste – ha! dieser fiese Husten, Liebling! - Ich habe darüber nachgedacht, Liebling, wenn wir die liebe Mutter nur überreden könnten, zu uns zu kommen und bei uns zu leben. Nun, Caudle, du kannst nicht schlafen; Es ist unmöglich – du hast nur in dieser Minute gehustet – ja, bei uns zu leben. Was für einen Schatz sollten wir in ihr haben! Dann, Caudle, musst du nie ohne etwas Schönes und Heißes ins Bett gehen. Und du willst es, Caudle.

„ *Du willst es nicht* ?

„Unsinn, das tust du; denn du bist nicht stark, Caudle; Du weißt, dass du es nicht bist.

„Ich bin sicher, das Geld, das sie uns bei der Haushaltsführung sparen würde. Ha! Was für ein Auge sie für einen Joint hat! Der Metzger geht nicht, das könnte die liebe Mutter täuschen. Und dann noch einmal für Geflügel! Was für einen Finger und Daumen sie für ein Huhn hat! Ich könnte nie so vermarkten wie sie: Es ist ein Geschenk – ein echtes Geschenk.

„Und dann erinnern Sie sich an ihre Markpuddings?

„ *Du erinnerst dich nicht an sie* ?

„Oh, Pfui! Caudle, wie oft hast du mir ihre Markpuddings ins Gesicht geworfen und wolltest wissen, warum ich sie nicht machen konnte ? Und ich würde nicht so tun, als ob es es tun würde, liebe Mutter. Ich sollte es für eine Vermutung halten. Nun, Liebling, wenn sie nur bei uns leben würde – komm, du schläfst nicht, Caudle – wenn sie nur bei uns leben würde, könntest du jeden Tag Markpudding essen. Jetzt werfen Sie sich nicht herum und fangen Sie nicht an, auf Kürbispudding zu fluchen; Du weißt, dass du sie magst , Liebes.

„Was für ein Händchen, liebe Mutter, auch für einen Tortenboden hat! Aber es ist bei manchen Menschen angeboren. Was sagen Sie?

„ *Warum wurde es nicht mit mir geboren ?*

„Nun, Caudle, das ist grausam – gefühllos von dir; Ich hätte Ihnen um keinen Preis einen solchen Vorwurf gemacht. Bedenken Sie, Liebes; Menschen können nicht so geboren werden, wie sie möchten.

„Wie oft wollten Sie auch schon zu Hause brauen! Und ich konnte nie etwas über das Brauen lernen. Aber, ha! Was für ein Bier macht die liebe Mutter!

„ *Du hast es noch nie probiert ?*

„Nein, das weiß ich. Aber ich erinnere mich an das Bier, das wir zu Hause hatten: und Vater trank danach nie mehr Wein. Der beste Sherry war nichts Vergleichbares.

„ *Du wagst es, nicht zu sagen ?*

"NEIN; Das war es tatsächlich nicht, Caudle. Wenn die liebe Mutter nur bei uns wäre, wie viel Geld würden wir dann an Bier sparen! Und dann hast du vielleicht immer dein eigenes schönes, reines, gutes, gesundes Bier, Caudle; und was würde es dir nützen! Denn du bist nicht stark, Caudle.

„Und dann die Marmeladen und Konfitüren der lieben Mutter, Liebes! Es gehört mir, Caudle; Es ist mir oft zu Herzen gegangen, dass es zu kaltem Fleisch nicht immer einen Pudding gab. Wenn Mutter bei uns wäre, würde sie in Sachen Fruchtpudding das ganze Jahr über für den Sommer sorgen. Aber ich konnte es nie bewahren – jetzt macht es meine Mutter, und das für so gut wie kein Geld. Was für schöne Hunde in der Decke sie für die Kinder abgeben würde!

„ *Was sind Hunde in der Decke ?*"

„Oh, sie sind köstlich – so wie die liebe Mutter sie macht .

„Jetzt *hast du* ihren Irish Stew probiert, Caudle? Erinnerst du dich daran? Komm, du schläfst nicht – erinnerst du dich daran? Und wie sehr du es magst! Und ich weiß, ich habe es nie gemacht, um dir zu gefallen! Nun, was für eine Erleichterung wäre es für mich, wenn die liebe Mutter immer da wäre, damit du einen Eintopf essen könntest, wann immer du möchtest. Was für eine Last würde es mir aus dem Kopf fallen lassen.

„Noch einmal für Gurken! Überhaupt nicht wie die Gurken anderer Leute. Ihr Rotkohl – er ist so knusprig wie Kekse! Und dann ihre Walnüsse – und alles Mögliche! Äh, Caudle? Sie wissen, wie sehr Sie Gurken lieben; Und wie streiten wir uns manchmal über sie ? Wenn nun die liebe Mutter hier wäre, würde nie ein Wort zwischen uns kommen. Und ich bin sicher, nichts würde mich glücklicher machen, denn – du schläfst nicht, Caudle? - denn ich kann es nicht ertragen, zu streiten, nicht wahr, Liebling?

„Auch die Kinder haben sie so gern! Und sie würde mir dabei eine große Hilfe sein ! Ich bin sicher, da meine liebe Mutter im Haus ist, wäre mir Masern oder ähnliches völlig egal. Als Krankenschwester ist sie so ein Schatz!

„Und was für eine Nadelfrau in ihrer Lebenszeit! Und das Stopfen und Ausbessern der Kinder übersteigt jetzt wirklich meine Grenzen, Caudle. Jetzt, wo meine Mutter an meiner Seite ist, würde es im Haus keinen Stich mehr geben.

„Und dann, wenn du lange draußen bist, Caudle – denn ich weiß, dass du manchmal lange draußen sein musst: Ich kann natürlich nicht erwarten, dass du immer zu Hause bist – warum könnte die liebe Mutter dann für dich aufstehen, und Nichts würde die liebe Seele auch nur halb so erfreuen.

„Und deshalb, Caudle, Liebling, ich denke, die liebe Mutter sollte besser kommen, meinst du nicht auch? Wie, Caudle? Du schläfst doch nicht, Liebling; meinst du nicht, sie sollte besser kommen? Du sagst *Nein* ?

„Du sagst schon wieder *Nein* ? *Du willst sie nicht haben* , sagst du?“

„ *Das wirst du nicht , das ist flach ?*“

„Caudle – Cau-Cau- dle – Cau- dle - ”

„ *Mrs. Caudle* , „ sagte ihr Mann, „ *brach plötzlich in Tränen aus, und ich schlief ein* “

VORTRAG XII –
HERR. CAUDLE, DER ETWAS SPÄT NACH HAUSE KOMMT, ERKLÄRT, DASS ER IN KUNST „EINEN SCHLÜSSEL HABEN WIRD."

„ , Mein Wort, Mr. Caudle, ich halte es für Zeitverschwendung, jetzt überhaupt ins Bett zu gehen!' Gleich werden die Hähne krähen. Hält die Leute bis nach zwölf wach. Oh ja! Ich wage zu behaupten, dass Sie im Freien für einen Mann mit sehr guten Gefühlen gehalten werden! Schade, dass du kein bisschen Mitgefühl für die Menschen zu Hause hast. Eine schöne Stunde, um die Leute vom Bett fernzuhalten!

„ Warum habe ich *mich dann* aufgesetzt ? "

„Weil ich mich entschieden habe, aufzusitzen – aber das ist mein Dank. Nein, es nützt nichts, wenn du redest, Caudle; Ich *werde niemals* zulassen, dass das Mädchen für dich einsteht, und das ist ein Ende. Was sagen Sie?

„ *Warum sitzt sie dann neben* mir ? "

„Das ist eine ganz andere Sache: Du glaubst doch nicht, dass ich alleine sitzen werde, oder? Was sagen Sie?

„ *Was nützt es, wenn zwei sitzen ?*"

„Das ist meine Sache. Nein, Caudle, so etwas gibt es nicht. Ich setze mich *nicht* auf, weil ich vielleicht das Vergnügen habe, darüber zu reden; und du bist ein undankbares, gefühlloses Wesen, wenn du das sagst. Ich setze mich auf, weil ich es wähle; Und wenn du nicht die ganze Nacht nach Hause kommst – und dazu werde ich bald kommen, daran habe ich keinen Zweifel –, werde ich trotzdem nie ins Bett gehen, also denk nicht darüber nach.

"Oh ja! Die Zeit vergeht sehr angenehm mit euch Männern in euren Clubs – ihr egoistischen Geschöpfe! Sie können lachen und singen und Geschichten erzählen und nie an die Uhr denken; Denken Sie niemals, dass es eine Person wie eine Frau gibt, die Ihnen gehört. Es macht dir nichts aus, dass eine arme Frau da sitzt und das Protokoll aufzählt und alles Mögliche im Feuer sieht – und manchmal denkt, dass dir etwas Schreckliches zugestoßen ist – umso mehr ist es dumm, dass sie sich überhaupt um dich kümmert! - Das ist alles nichts. Ach nein; Wenn eine Frau einmal verheiratet ist , ist sie eine Sklavin – schlimmer als eine Sklavin – und muss alles ertragen!

„Und ich kann mir nicht vorstellen, worüber ihr Männer reden könnt! Anstatt, dass ein Mann jeden Abend zu Hause mit seiner Frau sitzt und zur christlichen Zeit zu Bett geht, in einen Club geht, um eine Gruppe von Leuten zu treffen, denen er egal ist, ist das monströs! Was sagen Sie?

„ Du gehst nur einmal pro Woche ?

„Das hat überhaupt nichts damit zu tun: Du könntest genauso gut jede Nacht gehen; und ich wage zu behaupten, dass Sie es bald tun werden. Aber wenn Sie das tun, können Sie einsteigen, so gut Sie können: *Ich* werde nicht für Sie aufstehen, das kann ich Ihnen sagen.

„Meine Gesundheit wird Nacht für Nacht zerstört, und – oh, sagen Sie nicht, dass es nur einmal pro Woche passiert; Ich sage Ihnen, das hat nichts damit zu tun – wenn Sie Augen hätten, würden Sie sehen, wie krank ich bin; aber du hast keine Augen für irgendjemanden, der dir gehört: oh nein! Deine Augen sind auf Menschen im Freien gerichtet. Es ist sehr gut, wenn Sie mich eine dumme, nervige Frau nennen! Ich würde gerne die Frau sehen, die sich wie ich für Sie einsetzt.

„ Du wolltest nicht, dass ich mich aufsetze ?

"Ja ja; Das ist dein Dank – das ist deine Dankbarkeit: Ich soll meine Gesundheit ruinieren und dafür missbraucht werden. Tolle Prinzipien, die Sie in diesem Club haben, Mr. Caudle!

„Aber es gibt einen Trost – einen großen Trost; es kann nicht lange dauern: Ich sinke – ich fühle es, obwohl ich nie etwas darüber sage – aber ich kenne meine eigenen Gefühle, und ich sage, es kann nicht lange dauern. Und dann würde ich gerne wissen, wer für Sie einsteht! Dann würde ich gerne wissen, wie es Ihrer zweiten Frau geht – was sagen Sie?

„ Du wirst nie wieder Ärger mit einem anderen haben ?"

„In der Tat beunruhigt! Ich habe dich nie belästigt, Caudle. NEIN; Du bist es, der mich beunruhigt hat; und du weißt es; obwohl ich wie eine dumme Frau alles ertragen habe und nie ein Wort darüber gesagt habe. Aber es *kann nicht* von Dauer sein – das ist ein Segen!

„Oh, wenn eine Frau nur wüsste, was sie ertragen muss, bevor sie verheiratet ist – Sag mir nicht, dass du schlafen gehen willst! Wenn Sie schlafen gehen möchten, sollten Sie zur richtigen Zeit nach Hause kommen! Soweit ich weiß, ist es jetzt Zeit aufzustehen. Ich sollte mich nicht wundern, wenn Sie in fünf Minuten die Milch hören – da sind die Spatzen schon oben; ja, ich sage die Spatzen; und, Caudle, du solltest erröten, wenn du sie hörst .

„ Du hörst sie nicht ?

"Ha! Du wirst sie nicht hören , du meinst: *Ich* höre sie . Nein, Herr Caudle; Es *ist nicht* der Wind, der im Schlüsselloch pfeift; Ich bin nicht ganz dumm, auch wenn Sie das vielleicht denken. Ich hoffe, ich kann Wind von einem Spatz unterscheiden!

"Ha! wenn ich daran denke, was für ein Mann du warst, bevor wir geheiratet haben! Aber du bist jetzt ein anderer Mensch – ein ziemlich verändertes Wesen. Aber ich nehme an, ihr seid alle gleich – ich wage zu sagen, dass jede arme Frau beunruhigt und verärgert ist, obwohl ich nicht so viel hoffen sollte wie ich. Tatsächlich sollte ich das nicht hoffen! Hingehen und draußen bleiben, und –

"Was!

„ Du wirst einen Schlüssel haben ?"

"Wirst du? Nicht, solange ich lebe, Mr. Caudle. Ich werde nicht mit geschlossener Tür ins Bett gehen, weder für dich noch für den Trauzeugen, der atmet.

„ Du wirst keinen Riegel haben, sondern ein Chubb's-Schloss ?"

"Wirst du? Ich werde hier keinen Chubb haben , das kann ich dir sagen. Was sagen Sie?

„ Du wirst das Schloss morgen anbringen lassen ?"

„Nun, versuchen Sie es; Das ist alles, was ich sage, Caudle; Versuch es. Ich werde nicht zulassen, dass du mich in eine Leidenschaft verwickelst; Aber ich sage nur: Probieren Sie es aus.

„Eine respektable Sache, die ein verheirateter Mann mit sich herumtragen kann – ein Haustürschlüssel! Das erzählt meiner Meinung nach eine Geschichte . Eine schöne Sache für einen Familienvater! Ein Schlüssel! Was, um ein- und auszusteigen, wann es Ihnen gefällt! Eintreten wie ein Dieb mitten in der Nacht, anstatt wie ein anständiger Mensch an die Tür zu klopfen! Oh, sag mir nicht, dass du mich nur daran hindern willst, mich aufzurichten – was geht dich das an, wenn ich mich dafür entscheide, aufzusitzen? Gewiss, manche Frauen würden sich über das Sitzen aufregen, aber *Sie haben* keinen Grund, sich zu beschweren – Gott weiß!

„Nun, auf mein Wort, ich habe es noch erlebt, etwas zu hören. Tragen Sie den Haustürschlüssel bei sich! Ich habe von solchen Dingen mit jungen, nichtsnutzigen Junggesellen gehört, denen es niemanden kümmerte, was aus ihnen wurde ; Aber damit ein verheirateter Mann seine Frau und seine Kinder in einem Haus zurücklässt, dessen Tür sich aufklinken lässt – reden Sie mir nicht von Chubb, das ist doch egal –, müssen Sie sich sehr um uns kümmern. Ja, es ist sehr gut, dass Sie sagen, dass Sie nur den Schlüssel zur Ruhe und Stille wollen – was geht es Sie, wenn ich gerne aufsitze? Sie haben nicht das Recht, sich zu beschweren; Es kann dich nicht quälen. Nun, es nützt nichts,

wenn du redest; Ich sage nur Folgendes, Caudle: Wenn du einen Mann
schickst, um hier irgendein Schloss anzubringen, rufe ich einen Polizisten;
Da ich deine verheiratete Frau bin, werde ich das tun.

„Nein, ich denke, wenn ein Mann den Haustürschlüssel bekommt, ist es
umso besser, je früher er Junggeselle wird. Ich bin sicher, Caudle, ich möchte
dich nicht belästigen. Es nützt nichts, wenn du mir sagst, ich solle den Mund
halten, denn ich... Was?

„ Ich mache dir Kopfschmerzen , oder ?“

„Nein, das tue ich nicht, Caudle; Es ist Ihr Verein, der Ihnen Kopfschmerzen
bereitet; Es ist dein Rauch, und dein – na ja! Wenn ich jemals in meinem
Leben einen solchen Mann gekannt hätte! Es gibt kein Wort zu dir! Du gehst
raus und behandelst dich wie ein Kaiser – und kommst um zwölf Uhr abends
nach Hause, oder zu jeder beliebigen Stunde, soweit ich weiß, und dann
drohst du, einen Schlüssel zu haben, und – und – und –“

" Ich tat Schlafen Sie endlich ein ", sagt Caudle, *„ inmitten der fallenden Sätze von ,
Kinder in eine Unterkunft bringen ' – , gesonderter Unterhalt ' – , wird nicht zum Sklaven
gemacht werden ' – und so weiter .“*

VORTRAG XIII –
FRAU. CAUDLE WAR BEI IHRER LIEBEN MUTTER. - CAUDLE HAT AUS DEM „FREUDEN ANLASS" EINE PARTY GEGEBEN UND EINE EINLADUNGSKARTE AUSGESTELLT

„Ich denke, es *ist* schwer, Mr. Caudle, dass ich das Haus für ein oder zwei Tage nicht verlassen kann, aber das Haus muss in eine Taverne verwandelt werden: eine Taverne? - ein Topfhaus! Ja, ich dachte, Sie wären sehr darauf bedacht, dass ich gehen sollte; Ich dachte, du wolltest mich aus irgendeinem Grund loswerden, sonst hättest du nicht darauf bestanden, dass ich die ganze Nacht bei der lieben Mutter bleibe. Du hattest doch Angst, dass ich kalt werde, wenn ich nach Hause komme, oder? Oh ja, Sie können sehr zärtlich sein, Herr Caudle, wenn es Ihren eigenen Absichten entspricht. Ja! und die Welt denkt, was für ein guter Ehemann du bist! Ich wünschte nur, die Welt würde dich so gut kennen wie ich, das ist alles; Aber eines Tages wird es so sein , ich bin fest entschlossen.

„Ich bin sicher, dass das Haus einen Monat lang nicht süß sein wird. Alle Vorhänge sind mit Rauch vergiftet; und außerdem mit dem schmutzigsten Rauch, den ich je kannte.

„ *Nimm sie* dann *runter* ?

„Ja, es ist völlig in Ordnung, wenn du sagst, nimm sie zur Strecke; aber sie wurden erst vor einem Monat gereinigt und aufgestellt; Aber eine sorgfältige Frau ist Ihnen entgangen, Mr. Caudle. Du hättest jemanden heiraten sollen, der dein Haus hätte verfallen lassen, und das werde ich auch in Zukunft tun. An Menschen, die sich nicht um ihre Familien kümmern, wird besser gedacht als an diejenigen, die sich nicht um ihre Familien kümmern; Das habe ich längst herausgefunden .

„Und in was für einem Zustand der Teppich ist! Sie haben mit ihren dreckigen Stiefeln fünf Pfund, wenn auch nur einen Heller, eingenommen, und ich weiß nicht, was außerdem. Und dann der Rauch im Kaminvorleger und ein großes Ascheloch brannte darin! Ich habe noch nie in *meinem Leben* ein solches Haus gesehen ! Wenn Sie ein paar Freunde haben wollten, warum könnten Sie sie dann nicht wie jeden anderen Mann einladen, wenn Ihre Frau zu Hause ist ? Sie dürfen sich nicht wie Einbrecher einschleichen, sobald eine Frau ihnen den Rücken kehrt. Sie müssen hübsche Herren sein, das müssen sie; gemeine Kerle, die Angst haben, einer Frau gegenüberzutreten! Ha! und ihr alle nennt euch die Herren der Schöpfung! Ich möchte nur sehen, was aus der Schöpfung werden würde, wenn Sie sich selbst überlassen wären! Eine hübsche Gurkenkreation wird es bald geben!

„Ihr müsst alle in einem guten Zustand gewesen sein! Was sagen Sie?

„ *Du hast nichts genommen* ?

„Habe nichts mitgenommen, nicht wahr? Ich bin mir sicher, dass es so viele leere Flaschen gibt, dass ich es nicht übers Herz gebracht habe, sie zu zählen . Und Punsch auch! Du musst Punsch haben! Es gibt hundert halbe Zitronen in der Küche, falls es überhaupt eine gibt: denn Susan hat sie wie ein braves Mädchen aufbewahrt, um sie mir zu zeigen . Nein Sir; Susan *soll das Haus nicht verlassen* ! Was sagen Sie?

„ *Sie hat kein Recht, Geschichten zu erzählen* , *und du* WIRST *Herr in deinem eigenen Haus sein* ?“

"Wirst du? Wenn Sie sich nicht ändern, Mr. Caudle, werden Sie bald kein Haus mehr haben, über das Sie Herr sein könnten. Ich habe einen ganzen Laib Zucker im Schrank gelassen, und jetzt ist nicht mehr so viel da, wie eine Teetasse füllen würde. Glaubst du, ich soll Zucker für Punsch für fünfzig Männer finden? Was sagen Sie?

„ *Es waren nicht fünfzig* ?“

„Das ist egal; Umso mehr Schande für sie , Sir. Ich bin sicher, dass sie genug für fünfzig getrunken haben. Glaubst du etwa, dass ich aus meinem Haushaltsgeld Zucker für Punsch für die ganze Welt finden kann?“

„ *Du fragst mich nicht* ?

„Fragst du mich nicht? Du tust; Das wissen Sie: Denn wenn ich nur einen Schilling extra will, steht das Haus in Flammen. Und doch kann man einen ganzen Laib Zucker wegwerfen – Nein, ich *werde nicht* still sein; und ich *werde dich nicht* schlafen lassen. Wenn Sie letzte Nacht zur richtigen Zeit ins Bett gegangen wären, wären Sie jetzt nicht so müde gewesen. Sie können die halbe Nacht mit einer Gruppe von Leuten sitzen, die sich nicht um Sie kümmern, und Ihre arme Frau kommt nicht zu Wort!

„Und da ist dieses Porzellanbild , das ich hatte, als ich verheiratet war – ich hätte kein Geld dafür genommen, und Sie wissen es – und wie finde ich es? Mit abgeschlagenem kostbarem Kopf! Und was noch gemeiner, verächtlicher als alles andere war, es wurde wieder aufgesetzt, als wäre nichts geschehen.

„ *Du wusstest nichts davon* ?

„Wie kannst du nun in deinem christlichen Bett liegen, Caudle, und das sagen? Du weißt, dass dieser Kerl, Prettyman, mit dem Schürhaken den Kopf abgeschlagen hat! Du weißt, dass er es getan hat. Und du hattest nicht das

Gefühl – ja, ich sage es – du hattest nicht das Gefühl, das zu schützen, von dem du wusstest, dass es mir wertvoll ist. Oh nein, wenn die Wahrheit bekannt wäre, wären Sie aus genau diesem Grund froh, sie gebrochen zu sehen.

„Ich wurde in jeder Hinsicht beleidigt. Ich würde gerne wissen, wer es war, der auf dem Bild meiner lieben Tante die Schnurrhaare verkorkt hat? Oh! Du lachst, oder?

„ *Du lachst nicht ?*

„Erzähl mir das nicht. Ich würde gerne wissen, was das Bett erschüttert, wenn du nicht lachst? Ja, verkorkte Schnurrhaare auf ihrem lieben Gesicht – und sie war eine liebe Seele für dich, Caudle, und du solltest dich schämen, sie misshandelt zu sehen. Oh, du darfst lachen! Es ist ganz einfach zu lachen! Ich wünschte nur, du hättest ein bisschen das Gefühl, wie andere Menschen, das ist alles.

„Dann ist da noch meine Porzellantasse – die Tasse, die ich hatte, bevor ich geheiratet habe – als ich ein glückliches Geschöpf war. Ich würde gerne wissen, wer den Ausgießer dieser Tasse umgestoßen hat? Erzähl mir nicht, dass es schon mal einen Riss gegeben hat – das ist nicht der Fall, Caudle; Es gab keinen Fehler darin – und jetzt hätte ich weinen können, als ich es sah. Sag mir nicht, dass es keine zwei Pence wert war . Woher weißt du das? Man kauft nie Tassen. Aber das ist wie bei Männern; Sie denken, nichts in einem Haus kostet etwas.

„ Vier Gläser sind zerbrochen und neun zerbrochen. Zumindest ist das alles, was ich derzeit herausgefunden habe; aber ich wage zu behaupten, dass ich morgen ein Dutzend entdecken werde.

„Und ich würde gerne wissen, wo der Baumwollschirm geblieben ist – und ich würde gerne wissen, wer den Klingelzug kaputt gemacht hat – und vielleicht wissen Sie nicht, dass ein Stuhlbein abgerissen ist, – und vielleicht –“

„ *Ich war entschlossen* “, sagte Caudle, „ *nichts zu wissen , und so schlief ich in meiner Unwissenheit ein .*“

VORTRAG XIV –
FRAU. Für CAUDLE ist es „höchste Zeit", dass die Kinder Sommerkleidung tragen

„Da, Caudle! Wenn es etwas auf der Welt gibt, das ich hasse – und das weißt du, Caudle – dann ist es, dich um Geld zu bitten. Ich bin mir sicher, dass ich tausendmal lieber auf etwas verzichten würde, und das tue ich auch – umso mehr Schande von dir, mich zulassen zu dürfen, aber – da, jetzt! da fliegst du schon wieder raus!

„ Was will ich jetzt ? "

„Nun, Sie müssen wissen, was gesucht wird, wenn Sie Augen haben – oder Stolz auf Ihre Kinder, wie jeder andere Vater auch.

„ Was ist los – und worauf ziele ich hinaus ?"

„Oh, Unsinn, Caudle! Als ob du es nicht wüsstest! Ich bin sicher, wenn ich eigenes Geld hätte, würde ich dich nie um einen Heller bitten; niemals; Es tut mir weh, Gott weiß! Was sagen Sie?

„ Wenn es schmerzhaft ist , warum sollte man es dann so oft tun ?"

"Ha! Ich nehme an, Sie nennen das einen Witz – einen Ihrer Clubwitze? Ich wünschte, du würdest etwas mehr an die Gefühle anderer denken und weniger an deine Witze. Wie gesagt, ich wünschte nur, ich hätte eigenes Geld. Wenn es irgendetwas gibt, das eine arme Frau demütigt, dann ist es, dass jeder Heller in die Tasche eines Mannes fließt. Es ist schrecklich!

„Nun, Caudle, wenn du jemals wach geblieben bist, sollst du auch heute Nacht wach bleiben – ja, du wirst mich hören, denn ich spreche nicht oft, und dann kannst du schlafen gehen, sobald du willst. Bitte wissen Sie, welcher Monat es ist? Und haben Sie gesehen, wie die Kinder heute in die Kirche schauten – wie die Kinder von niemandem sonst?

„ Was war mit ihnen los ?"

„Oh, Caudle! Wie kannst du fragen? Arme Dinger! Waren sie nicht alle in ihren dicken Merinohosen und Biberhauben gekleidet? Was sagen Sie? -

" Was davon ?

"Was! Sie werden mir sagen, dass Sie nicht gesehen haben, wie die Briggs-Mädchen in ihren neuen Chips die Nase über sie rümpften ? Und Sie haben nicht gesehen, wie die Browns die Smiths und dann unsere lieben Mädchen ansahen, als würden sie sagen: „Arme Kreaturen!" Was für Zahlen für den Monat Mai!'

„ Du hast es nicht gesehen ?

„Umso mehr Schande für dich – das würdest du tun, wenn du die Gefühle eines Elternteils gehabt hättest – aber es tut mir leid, das sagen zu müssen, Caudle, das hast du nicht. Ich bin mir sicher, dass diese Briggs-Mädchen die kleinen Luder sind! - Bring mich so in Aufruhr, ich hätte ihnen über die Kirchenbank die Ohren ziehen können. Was sagen Sie?

„ Ich sollte mich schämen, es zu besitzen ?“

„Nein, Herr Caudle; Die Schande liegt bei Ihnen, dass Sie Ihre Kinder nicht wie die Kinder anderer Leute in der Kirche erscheinen lassen, dass sie sich bei ihren Andachten unwohl fühlen, die armen Dinger! Denn wie könnte es anders sein, wenn sie sich gekleidet sehen wie kein anderer?

„Nun, Caudle, es hat keinen Sinn zu reden; Diese Kinder dürfen nächsten Sonntag die Schwelle nicht überschreiten, wenn sie nichts für den Sommer haben. Bedenken Sie nun, dass das nicht der Fall sein wird . und es ist ein Ende. Ich werde sie nicht noch einmal den Briggs und den Browns aussetzen: Nein, sie sollen wissen, dass sie eine Mutter haben, wenn sie keinen Vater haben, der mit ihnen mitfühlen kann . Was sagst du, Caudle?

„ Muss ich an die Kirche denken , wenn ich so viel darüber nachdenke, wohin wir gehen ?“

„Ich wünschte nur, du würdest genauso denken wie ich, du wärst ein besserer Mann als du, Caudle, das kann ich dir sagen; aber das hat nichts damit zu tun. Ich spreche von anständiger Kleidung für die Kinder für den Sommer, und Sie möchten mich mit etwas über die Kirche abschrecken; aber das ist so wie du, Caudle!

„ Ich will immer Geld für Kleidung ?“

„Wie kannst du in deinem Bett liegen und das sagen? Ich bin sicher, es gibt kein Kind auf der Welt, das seinen Vater so wenig kostet: aber das ist es; Je weniger eine arme Frau tut, desto weniger kann sie tun. Es sind die Ehefrauen, denen es egal ist, woher das Geld kommt, an die man am meisten denkt. Oh, wenn meine Zeit noch einmal kommen würde, würde ich dann flicken und nähen und die Dinge so weit bringen, wie ich es getan habe? Nein, das würde ich nicht tun. Ja, es tut dir sehr gut, da zu liegen und zu lachen; Es ist leicht zu lachen, Caudle – sehr leicht für Leute, die keine Gefühle haben.

„Jetzt, Caudle, Liebes! Was für ein Mann du bist! Ich weiß, dass Sie mir das Geld geben werden, denn schließlich glaube ich, dass Sie Ihre Kinder lieben und sie gerne gut gekleidet sehen. Es ist nur natürlich, dass ein Vater das tun sollte. Äh, Caudle, was? Jetzt geh nicht schlafen, bis du es mir gesagt hast.

„ *Wie viel Geld möchte ich ?*

„Warum, lass mich sehen, Liebling. Da sind Caroline und Jane und Susannah und Mary Anne und – Was sagst du?

„ *Ich brauche sie nicht zu zählen ; Weißt du, wie viele es sind ?*

"Ha! Genau so nimmst du mich auf. Nun, wie viel Geld wird es kosten? Lassen Sie mich sehen; und geh nicht schlafen. Ich erzähle es dir gleich. Du liebst es immer, die teuren Dinge wie neue Anstecknadeln zu sehen, das weiß ich, Caudle; und obwohl ich es sage – segne ihre kleinen Herzen! - Sie machen dir alle Ehre, Caudle. Jeder Adlige des Landes könnte stolz auf sie sein . Beschimpfen Sie jetzt nicht die Adligen des Landes und fragen Sie mich, was sie mit Ihren Kindern zu tun haben. du weißt, was ich meine. Aber du *bist* so voreilig, Caudle.

" *Wie viel?*

„Jetzt beeilen Sie sich nicht! Nun, ich denke, wenn ich gut kneife – und weißt du, Caudle, es gibt keine Frau, die stärker kneifen kann als ich – ich denke, wenn ich kneife, komme ich mit zwanzig Pfund aus. Was hast du gesagt?

„ *Zwanzig Fiddlesticks ?*

"Was?

„ *Du gibst nicht die Hälfte des Geldes ?“*

„Sehr gut, Herr Caudle; Es ist mir egal: Lass die Kinder in Lumpen gehen; Lassen Sie sie aus der Kirche austreten und wie Heiden und Kannibalen aufwachsen, und dann werden Sie Ihr Geld sparen und, nehme ich an, zufrieden sein.

„ *Du hast mir vor fünf Monaten zwanzig Pfund gegeben ?“*

„Was haben wir mit der Zeit vor fünf Monaten jetzt zu tun? Außerdem hat das, was ich *hatte* , nichts damit zu tun.

"Was sagen Sie?

„ *Zehn Pfund sind genug ? “*

„Ja, genau wie ihr Männer; Sie denken, dass die Dinge für Frauen nichts kosten; Aber es ist dir egal, wie viel du dir ausgibst.

„ *Sie wollen nur Hauben und Kittel ?*

„Woher wissen Sie, was sie wollen? *Wie* sollte ein Mann überhaupt etwas darüber wissen? Und du gibst nicht mehr als zehn Pfund? Sehr gut. Dann können Sie vielleicht selbst damit einkaufen gehen und sehen, was *Sie* daraus machen. Ich werde nichts von deinen zehn Pfund haben, das kann ich dir sagen. Nein, mein Herr, - nein; Sie haben keinen Grund, das zu sagen.

„ Ich möchte die Kinder nicht wie Gräfinnen verkleiden ?"

„Das schleuderst du mir oft in die Zähne, das tust du, aber du weißt, dass es falsch ist, Caudle; du weißt es. Ich möchte ihnen nur eine richtige Vorstellung von sich selbst vermitteln : Und was *können die armen Kerle* tatsächlich denken, wenn sie die Briggs, die Browns und die Smiths sehen – und ihre Väter nicht so viel Geld verdienen wie du, Caudle – wenn sie sie so schön wie Tulpen sehen? Sie müssen sich für niemanden halten; Und zu denken, dass du niemand bist – verlass dich darauf, Caudle – ist nicht der Weg, die Welt dazu zu bringen, irgendetwas von dir zu denken.

"Was sagen Sie?

„ Wo habe ich das aufgeschnappt ?"

"Wo denkst du? Ich weiß viel mehr, als Sie vermuten – ja; obwohl du mir das nicht zutraust. Ehemänner tun das selten. Allerdings *werde ich die zwanzig Pfund* haben, wenn ich welche habe – oder auch nicht einen Heller. Nein, Sir, nein.

„ Ich möchte die Kinder nicht wie Pfauen und Papageien verkleiden ! "

sie nur respektabel machen und – was sagst du?

„ Du gibst fünfzehn Pfund ?

„Nein, Caudle, nein – unter zwanzig werde ich keinen Penny nehmen; wenn ich es täte, würde es mir so vorkommen, als wollte ich Ihr Geld verschwenden: und wenn ich darüber nachdenke, bin ich mir sicher, dass zwanzig Pfund kaum reichen werden. Wenn du mir trotzdem zwanzig gibst – nein, es hat keinen Sinn, fünfzehn anzubieten und schlafen gehen zu wollen. Du wirst kein Auge zudrücken, bis du mir zwanzig versprichst. Komm, Caudle, Liebling! - zwanzig, und dann kannst du schlafen gehen. Zwanzig – zwanzig – zwanzig –"

„ Mein Eindruck ist ", schreibt Caudle, *„ dass ich beim Einschlafen fest an der Fünfzehn festhielt; Aber am Morgen versicherte mir Frau Caudle als ehrenhafte Frau , dass sie mich kein Auge zudrücken lassen würde, bevor ich die Zwanzig versprochen hätte: Und der Mann ist gebrechlich – und die Frau ist stark – sie hatte das Geld ."*

VORTRAG XV –
HERR. CAUDLE IST WIEDER LANG
AUSgeblieben. FRAU. CAUDLE, zunächst verletzt und gewalttätig, schmilzt

„Vielleicht, Herr Caudle, sagen Sie mir, wo das enden soll? Aber Gott weiß, *das muss ich nicht fragen* . Das Ende ist klar genug. Raus – raus – raus! Jede Nacht – jede Nacht! Ich bin mir sicher, dass Männer, die nicht zu angemessenen Zeiten nach Hause kommen können, mit Ehefrauen nichts zu tun haben: Sie haben kein Recht, andere Menschen zu zerstören, wenn sie sich dafür entscheiden, selbst in die Zerstörung zu gehen. Ha, Herr! Oh je! Ich hoffe nur, dass keines meiner Mädchen jemals heiraten wird – ich hoffe, dass keines von ihnen jemals die Sklavin sein wird, die ihre arme Mutter ist: Sie werden es nicht tun, wenn ich es verhindern kann. Was sagen Sie?

" *Nichts* ?

„Nun, das wundert mich nicht, Mr. Caudle? du solltest dich schämen zu sprechen; Ich wundere mich nicht, dass du deinen Mund nicht öffnen kannst. Ich bin nur erstaunt, dass Sie zu solchen Stunden das Selbstvertrauen haben, an Ihre eigene Tür zu klopfen. Obwohl ich Ihre Frau bin, muss ich sagen, dass ich mich manchmal über Ihre Unverschämtheit wundere. Was sagen Sie?

" *Nichts* ?

"Ha! Du bist eine lästige Kreatur, Caudle; da liegen wie die Mumie eines Mannes, und nie auch nur einem die Lippen öffnen. Als ob Ihre eigene Frau keine Antwort wert wäre! Das ist nicht so, wenn man unterwegs ist, da bin ich mir sicher. Ach nein! dann kannst du schnell genug reden; Hier bekomme ich kein Wort von dir. Aber Sie behandeln Ihre Frau wie kein anderer Mann – und das wissen Sie.

„Jeden Abend raus! Was?

„ *Du warst diese Woche noch nie draußen* ?

„Das hat überhaupt nichts damit zu tun. Du könntest genauso gut die ganze Woche unterwegs sein wie einmal – nur! Und ich würde gerne wissen, was Sie bis heute fernhalten könnte?

" *Geschäft* ?

„Oh ja – das wage ich zu behaupten! Ein hübsches Geschäft, das ein verheirateter Mann und Familienvater um ein Uhr morgens im Freien erledigen muss. Was?

„ Ich werde dich in den Wahnsinn treiben ?"

"Ach nein; Du hast nicht genug Gefühle, um verrückt zu werden – du wärst ein besserer Mann, Caudle, wenn du es wärst.

„ Werde ich auf dich hören ?

"Was ist der Nutzen? Natürlich haben Sie eine Geschichte, mit der Sie mich abschrecken können – das können Sie alle tun und uns hinterher auslachen.

„Nein, Caudle, sag das nicht. Ich versuche nicht immer, Fehler zu finden – nicht ich. Du bist es. Ich spreche nie, außer wenn es Gelegenheit dazu gibt; Und was ich in meiner Zeit ertragen musste, weiß niemand auf der Welt.

„ Werde ich deine Geschichte hören ?

„Oh, du darfst es erzählen, wenn du willst; Fahren Sie fort: Aber denken Sie daran, ich werde kein Wort davon glauben. Ich bin nicht so dumm wie andere Frauen, das kann ich Ihnen sagen.

„So, jetzt – fangen Sie nicht an zu fluchen – sondern machen Sie weiter –" –

„ – Und das ist deine Geschichte, oder? Das ist deine Entschuldigung für die Stunden, die du behältst! Das ist Ihre Entschuldigung dafür, dass Sie meine Gesundheit geschädigt und Ihre Familie ruiniert haben! Was glauben Sie, werden Ihre Kinder von Ihnen sagen, wenn sie erwachsen sind – wenn Sie gehen und Ihr Geld für eine nichtsnutzige Bekanntschaft in der Kneipe wegwerfen?

„ Er ist kein Bekannter aus dem Pothouse ?

„Wer ist er dann? Komm, das hast du mir nicht gesagt; aber ich weiß – es ist dieser Prettyman! Ja, auf jeden Fall! Auf mein Leben! Naja, wenn ich kaum die Geduld habe, im Bett zu liegen! Ich wollte schon seit fünf Jahren eine silberne Teekanne, und du musst hingehen und so viel Geld wegwerfen wie – was?

„ Du hast es nicht weggeworfen ?

„Hast du nicht? Dann ist mein Name nicht Margaret, das ist alles, was ich weiß!

„Ein Mann wird verhaftet, und weil er seiner Frau und seiner Familie entrissen und eingesperrt wird, müssen Sie sich damit den Kopf zerbrechen! Und Sie müssen sich mit fiesen Sheriffoffizieren einlassen – pah ! Ich bin mir sicher, dass Sie nicht in der Lage sind, ein anständiges Haus zu betreten –

und von Anwalt zu Anwalt zu rennen, um eine Kaution zu bekommen und die Sache zu regeln, wie Sie es nennen! Du wirst eine hübsche Lösung finden – merk dir meine Worte! Ja – und um die Sache in Ordnung zu bringen, um sie ganz zu Ende zu bringen , müssen Sie einer der Kautionen sein! Dass jeder Mann, der kein geborener Narr ist, so etwas für einen anderen tun sollte! Glaubst du, irgendjemand würde so viel für dich tun?

" *Ja* ?

"Du sagst ja? Nun, ich wünschte nur – nur um zu zeigen, dass ich recht habe – ich wünschte nur, du wärst in der Lage, es auszuprobieren . Ich würde Sie nur gern verhaftet sehen. Sie würden den Unterschied finden – das würden Sie.

„Was interessieren Sie für die Angelegenheiten anderer? Wenn du eingesperrt wärst, verlass dich darauf, keine Menschenseele würde in deine Nähe kommen. NEIN; Jetzt ist alles in Ordnung, wenn die Leute denken, es besteht keine Chance, dass du in Schwierigkeiten gerätst – aber ich würde nur gerne sehen, was sie zu dir sagen würden, wenn *du* in einem Schwammhaus wärst. Ja – *das sollte mir Spaß machen* , nur um dir zu zeigen, dass ich immer Recht habe. Was sagen Sie?

„ *Du denkst besser über die Welt* ?“

"Ha! das wäre ja alles schön und gut, wenn du es dir leisten könntest; Aber ich weiß, Sie sind nicht in der Lage, so gut von Menschen zu denken. Und natürlich lachen sie dich nur aus. „Caudle ist ein leichter Narr“, rufen sie – ich weiß es so gut, als hätte ich sie gehört – „Caudle ist ein leichter Narr; Jeder kann ihn führen.' Ja, jeder außer seiner eigenen Frau; - und sie ist natürlich niemand.

„Und jetzt wird jeder, der verhaftet ist, natürlich zu Ihnen schicken. Ja, Mr. Caudle, Sie werden jetzt alle Hände voll zu tun haben, daran besteht kein Zweifel. Sie werden bald jedes Schwammhaus und jeden Sheriffoffizier in London kennen. Ihr Unternehmen muss für sich selbst sorgen; Sie werden genug zu tun haben, um von Anwalt zu Anwalt zu laufen und den Angelegenheiten anderer nachzugehen. Nun, es hat keinen Sinn, mich eine liebe Seele zu nennen – kein bisschen! NEIN; und ich werde es nicht auf morgen verschieben. Es kommt nicht oft vor, dass ich spreche, aber ich *werde* jetzt sprechen.

„Ich wünschte, Prettyman wäre schon einmal auf dem Meeresgrund gewesen – was?

„ *Es ist nicht Prettyman* ?“

"Ah! Es ist sehr gut, dass Sie das sagen; aber ich weiß, dass es so ist; es ist genau wie er. Er sieht aus wie ein Mann, der immer verschuldet ist, der immer in einem Bankhaus sitzt. Jeder könnte es schwören. Ich wusste es vom ersten Mal an, als du ihn hierher gebracht hast – von der Nacht an, als er seine ekligen, schmutzigen, nassen Stiefel auf meinen glänzenden Stahlkotflügel zog. Jede Frau konnte in einer Minute erkennen, was der Kerl war. Hübscher Mann! Wirklich ein hübscher Gentleman, der Ihre Frau und Ihre Familie ausraubt!

„Warum konntest du ihn nicht mit dem Abwaschen aufhören lassen? Rufe jetzt nicht auf diese Weise den Himmel an und bitte mich, ruhig zu sein, denn das werde ich nicht tun. Warum konntest du ihn nicht dort aufhören lassen? Er schaffte es; er hätte sich vielleicht wieder befreien können. Und du musst mich wach halten, meinen Schlaf, meine Gesundheit und, was dir am Herzen liegt, meinen Seelenfrieden ruinieren. Ha! Jeder außer dir kann sehen, wie ich zerbreche. Sie können dies alles tun, während Sie mit einer Reihe von Gerichtsvollziehern sprechen! Sie müssen sehr viel an Ihre Kinder denken, um eine Anwaltskanzlei aufzusuchen.

„Und dann müssen Sie gegen Kaution freigelassen werden – Sie müssen gebunden sein – für Mr. Prettyman! Man könnte sagen, gebunden! Ja, jetzt sind Ihnen die Hände gebunden. Wie er dich auslacht – und dir Recht gibt! In einer weiteren Woche wird er in Ostindien sein; natürlich wird er das! Und Sie müssen seine Schulden bezahlen; Ja, Ihre Kinder dürfen in Lumpen gehen, damit Mr. Prettyman – was sagen Sie?

„ *Es ist nicht Prettyman ?*“

"Ich weiß es besser. Nun, wenn es nicht Prettyman ist, der Sie ferngehalten hat, - wenn es nicht Prettyman ist, für den Sie auf Kaution freigelassen werden - wer ist es dann? Ich frage, wer ist es dann? Was?

" *Mein Bruder ? Bruder Tom ?*

„Oh, Caudle! lieber Caudle –“

„ *Es war zu viel für die arme Seele* “, sagt Caudle; „ *Sie schluchzte, als würde ihr Herz brechen , und ich -*“ und hier die MS. ist befleckt, als ob Caudle selbst beim Schreiben Tränen vergossen hätte.

VORTRAG XVI –
DAS KIND MUSS GETAUFT WERDEN; FRAU.
CAUDLE WERBT DIE VERDIENSTE
WAHRSCHEINLICHER TATE

„Komm mal, Liebling, wegen dem Namen des Babys? Das liebe Ding ist drei Monate alt und hat noch keinen Namen auf der Rückseite. Und jetzt fängst du schon wieder an! Sprechen Sie morgen darüber! NEIN; wir werden heute Abend darüber reden. Tagsüber kann man mit dir kein Wort reden – aber hier kannst du mich nicht verlassen. Sagen Sie jetzt nicht, Sie wünschten, Sie könnten es, Caudle; Das ist unfreundlich und eine Frau – insbesondere die Frau dir gegenüber – nicht so zu behandeln, wie sie es verdient. Es kommt nicht oft vor, dass ich spreche, aber ich *glaube*, Sie möchten den Klang meiner Stimme nie hören. Ich hätte genauso gut dumm geboren werden können!

„Ich nehme an, das Baby *muss* einen Paten haben; Und also, Caudle, wen sollen wir haben? Wer wird Ihrer Meinung nach am meisten dafür tun können? Nein, Caudle, nein; Ich bin keine egoistische Frau – nichts dergleichen – aber ich hoffe, dass ich die Gefühle einer Mutter habe; Und was nützt ein Pate, wenn er dem Kind nichts anderes gibt als einen Namen? Ein Kind könnte fast genauso gut überhaupt nicht getauft werden. Und wen sollen wir haben? Was sagen Sie?

" *Irgendjemand* ?

„Schämst du dich nicht, Caudle? Glaubst du nicht, dass dir etwas passieren wird, wenn du so redest? Ich weiß nicht, woher Sie solche Prinzipien nehmen. Ich denke darüber nach, wer in unserem Bekanntenkreis am meisten für das gesegnete Geschöpf tun kann, und Sie sagen: „ *Jeder* !“ Caudle, du bist ein ziemlicher Heide.

„Da ist Wagstaff. Er hat keine Chance, jemals zu heiraten, und er liebt Babys sehr. Er hat viel Geld, Caudle; und ich denke, er könnte erwischt werden. Babys, ich weiß es – Babys sind seine schwache Seite. Wäre es nicht ein Segen, unser liebes Kind in seinem Testament zu finden? Warum sprichst du nicht? Ich erkläre, Caudle, Sie scheinen sich nicht mehr um das Kind zu kümmern, als wenn es das eines Fremden wäre . Menschen, die Kinder nicht mehr lieben können als Sie, sollten sie niemals haben .

„ *Du magst Wagstaff nicht* ?

„Ich tue nicht mehr viel; aber was hat das damit zu tun? Menschen, die für ihre Familie sorgen müssen, dürfen nicht an ihre Gefühle denken. Ich mag ihn nicht; Aber dann bin ich Mutter und liebe mein Baby.

„ Du willst Wagstaff nicht haben und das ist platt ?“

„Ha, Caudle, du bist wie niemand sonst – nicht fit für diese Welt, das bist du nicht.

„Was halten Sie von Pugsby ? Ich kann seine Frau nicht ertragen; aber das hat nichts damit zu tun. Ich kenne meine Pflicht gegenüber meinem Baby: Ich wünschte, andere Menschen würden es tun. Was sagen Sie?

„ Pugsby ist ein böser Kerl ?

"Ha! Das ist wie du – den Leuten immer einen schlechten Ruf zu geben. Wir dürfen nicht immer glauben, was die Welt sagt, Caudle; Es steht uns als Christen nicht zu, das zu tun. Ich weiß nur, dass er weder Küken noch Kind hat; und außerdem hat er ein großes Interesse an den Blauröcken; und wenn Pugsby – nun, greifen Sie den Mann nicht auf diese Weise an. Caudle, du solltest dich schämen! Man kann über niemanden gut reden. Wohin *soll* Ihrer Meinung nach gehen?

„Was sagst du dann zu Sniggins ? Springen Sie jetzt nicht so herum und lassen Sie die kalte Luft ins Bett! Was ist mit Sniggins los ?

„ Du würdest ihn nicht um einen Gefallen in der Welt bitten ?“

„Nun, es ist gut, dass das Baby jemanden hat, der sich um es kümmert: Das werde *ich* tun. Was sagen Sie?

„ Das soll ich nicht ? "

„Das werde ich, das kann ich dir sagen. Sniggins ist nicht nur ein warmherziger Mann, sondern hat auch großes Interesse am Zoll; und da gibt es eine schöne Auswahl, wenn man nur den richtigen Weg geht, um sie zu bekommen . Es nützt nichts, Caudle, dass du herumzappelst – kein bisschen. Ich werde nicht zulassen, dass das Baby verloren geht – geopfert, so könnte ich sagen, wie seine Brüder und Schwestern.

„ Was meine ich mit geopfert ?“

„Oh, du weißt sehr gut, was ich meine. Was hat einer von ihnen von seinen Paten bekommen außer einem Halbliterbecher, einem Messer, einer Gabel und einem Löffel – und einem schäbigen Mantel, von dem ich weiß, dass er aus zweiter Hand gekauft wurde, denn ich könnte fast schwören? Und dann war da noch die Frau Ihres guten Freundes Hartley – was hat sie Caroline geschenkt? Na ja, eine bunte Spitzenkappe, deren Anblick mich erröten ließ. Was?

„ Es war das Beste, was sie sich leisten konnte ?“

„Dann hätte sie kein Recht, für das Kind einzutreten. Wer es nicht besser kann, hat nichts damit zu tun, die Verantwortung als Patin zu übernehmen. Sie sollten ihre Aufgaben besser kennen.

„Nun, Caudle, Sie können nichts gegen Goldman haben?

„Ja , das tust du ?

„Gab es jemals so einen Mann? Wozu?

„ Er ist ein Wucherer und ein Kerl ?"

„Nun, ich bin sicher, du hast auf dieser Welt nichts zu suchen, Caudle; Du hast so hochtrabende Vorstellungen. Warum ist der Mann nicht so reich wie die Bank? Und was seine Tätigkeit als Wucherer betrifft – ist das nicht umso besser für diejenigen, die nach ihm kommen? Ich bin sicher, es ist gut, dass es einige Menschen auf der Welt gibt, die Geld sparen, wenn sie die dummen Kreaturen sehen, die es wegwerfen. Aber du bist der seltsamste Mann! Ich glaube wirklich, dass Sie Geld für eine Sünde halten und nicht für den größten Segen. denn ich kann keinem unserer Bekannten, die reich sind – und ich bin sicher, dass wir nicht allzu viele solcher Leute kennen – erwähnen, dass Sie nichts gegen sie einzuwenden haben . Du magst nur Bettler – Menschen, die keinen Schilling haben, um sich selbst zu segnen. Ha! Obwohl Sie mein Ehemann sind, muss ich es sagen: Sie sind ein Mann mit niedrigen Ansichten, Caudle. Ich hoffe nur, dass keiner der lieben Jungs es auf seinen Vater abgesehen hat!

„Und ich würde gerne wissen, was der Einwand gegen Goldman ist? Das Einzige, was gegen ihn spricht, ist sein Name; Ich muss gestehen, dass mir der Name Lazarus nicht gefällt: Er ist niedrig und klingt nicht vornehm – überhaupt nicht respektabel. Aber nachdem er gegangen ist und das Richtige für das Kind getan hat, könnte der Junge Lazarus leicht in Laurence hineinschmuggeln. Mir wurde gesagt, das passierte oft. Nein, Caudle, sag das nicht – ich bin keine gemeine Frau – schon gar nicht; im Gegenteil. Ich habe für meine Kinder nur die Liebe eines Elternteils; Und ich muss es sagen: Ich wünschte, jeder würde so denken wie ich.

„Ich nehme an, wenn die Wahrheit bekannt wäre, würden Sie sich wünschen, dass Ihr Tabakpfeifenfreund, Ihr Pot-Gefährte, Prettyman, für das Kind einsteht?

„ Sie hätten nichts dagegen ?

"Ich dachte nicht! Ja; Ich wusste, worauf es hinauslief. Er ist ein Bettler, das ist er; und eine Person, die die halbe Nacht draußen bleibt; ja tut er; Und es hat keinen Zweck, es zu leugnen – ein Bettler und Trinker, und das ist der Mann, den Sie zum Paten Ihres eigenen Fleisches und Blutes machen würden! Auf mein Wort, Caudle, reicht es aus, eine Frau dazu zu bringen, aufzustehen und sich anzuziehen, um dir zuzuhören.

überhaupt nicht getauft werden darf , wenn Wagstaff oder Pugsby oder Sniggins oder Goldman oder jemand, der respektabel ist, nicht das Richtige tut . Was Prettyman oder einen solchen Haufen angeht – nein, niemals! Ich bin mir sicher, dass es eine bestimmte Gruppe von Menschen gibt, die von der Armut betroffen sind, und dass Prettyman einer von ihnen ist . Nun, Caudle, ich werde nicht zulassen, dass mein liebes Kind von irgendeinem deiner Spucknapf-Bekannten verloren geht, das kann ich dir sagen.

"NEIN; Wenn ich nicht *meinen Willen* durchsetzen kann , soll das Kind überhaupt nicht getauft werden. Was sagen Sie?

„ *Es muss einen Namen haben* ?

„Es gibt in dem Fall überhaupt kein ‚Muss' – keins. Nein, es soll keinen Namen haben; und dann sehen, was die Welt sagen wird. Ich werde es Nummer Sechs nennen – ja, das geht genauso gut wie alles andere, es sei denn, ich habe den Paten, den ich mag. Nummer Sechs Caudle! Ha! Ha! Ich denke, dafür muss man sich, wenn überhaupt, schämen. Number Six Caudle – ein viel besserer Name, als Mr. Prettyman ihn nennen könnte; Ja, Nummer Sechs. Was sagen Sie?

„ *Alles andere als Nummer Sieben* ?

„Oh, Caudle, wenn überhaupt –"

„ *In diesem Moment* ", schreibt Caudle, „ *begann die kleine Nummer Sechs zu weinen; und ich habe den glücklichen Zufall ausgenutzt und bin irgendwie eingeschlafen .*"

VORTRAG XVII –
CAUDLE HAT SICH IM LAUFE DES TAGES
GEwagt, die Ökonomie des „Waschens zu Hause" in Frage zu stellen.

„Puh! Ich kann sehen, dass Sie mit einer ziemlichen Laune zu Bett gehen, Mr. Caudle! Oh, leugnen Sie es nicht – ich denke, ich sollte es inzwischen wissen. Aber es ist immer so; Wann immer ich ein paar Dinge aufstehe, kann dich das Haus kaum halten! Niemand schreit mehr wegen sauberer Wäsche als Sie – und niemand führt ein so elendes Leben für eine arme Frau, wenn sie versucht, es ihrem Mann bequem zu machen. Ja, Mr. Caudle – bequem! Sie müssen das Wort nicht ständig kauen, als ob Sie es nicht schlucken könnten.

„ Gab es jemals eine solche Frau ?

„Nein, Caudle; Ich hoffe nicht: Ich würde hoffen, dass noch nie eine andere Frau so ausgenutzt wurde wie ich! Es ist alles sehr gut für dich. Ich kann mich zu Hause nicht wie jeder andere ein wenig waschen, aber du musst durch das Haus gehen, vor dir selbst fluchen und deine Frau ansehen, als wäre sie deine erbittertste Feindin. Aber ich nehme an, es wäre Ihnen lieber, wenn wir uns überhaupt nicht waschen würden. Ja; dann würdest du dich freuen! Natürlich möchten Sie, dass alle Kinder in ihrem Dreck sind, wie Kartoffeln: irgendetwas, damit es Sie nicht stört. Ich wünschte, du hättest eine Frau gehabt, die sich nie wusch – *sie* hätte zu dir gepasst, das würde sie tun. Ja; Eine nette Dame, die Ihre Kinder gehen lassen hätte, damit Sie sie vielleicht verschrottet hätten . Sie wäre viel besser versorgt worden als ich. Ich wünschte nur, ich könnte euch alle ohne saubere Wäsche gehen lassen – ja, euch alle. Ich wünschte, ich könnte! Und wenn ich nicht wie jeder andere ein Sklave meiner Familie wäre, sollte ich es tun.

„Nein, Herr Caudle; Das Haus liegt nicht im Wasser, als wäre es die Arche Noah. Und Sie sollten sich schämen, so locker über die Arche Noah zu sprechen. Ich weiß sicher nicht, was ich getan habe, um mit einem Mann mit solchen Prinzipien verheiratet zu sein. Nein: und das ganze Haus schmeckt auch *nicht* nach Seifenlauge; und wenn es so wäre, würde sich jeder andere Mann außer Ihnen davor hüten, es zu benennen. Ich schätze, ich mag den Waschtag nicht mehr als du. Was sagen Sie?

" *Ja , das tue ich ?*

"Ha! Da liegen Sie falsch, Mr. Caudle. NEIN; Ich mag es nicht, weil es allen anderen Unbehagen bereitet. NEIN; und ich hätte nicht als Meerjungfrau geboren werden sollen, damit ich immer im Wasser gewesen wäre. Eine Meerjungfrau, tatsächlich! Wie wirst du mich als nächstes nennen? Aber kein Mann, Mr. Caudle, sagt so etwas zu seiner Frau wie Sie. Allerdings kann es, wie ich bereits sagte, nicht lange dauern, das ist ein Trost. Was sagen Sie?

„ Bist du froh darüber ?

„Sie sind ein Rohling, Mr. Caudle! Nein, du *meintest nicht* Waschen: Ich weiß, was du meinst. Eine hübsche Rede an eine Frau, die die Frau von dir war, die ich habe! Du wirst es bereuen, wenn es zu spät ist: Ja, ich würde deine Gefühle nicht haben, wenn ich weg bin, Caudle; Nein, nicht für die Bank of England.

„Und wenn wir uns nur alle zwei Wochen waschen! Ha! Ich wünschte nur, du hättest ein paar Frauen, die würden sich einmal in der Woche waschen! Außerdem, wenn dir alle zwei Wochen zu viel ist, warum gibst du mir dann nicht Geld, damit wir einen Monat lang etwas zu erledigen haben? Ist es *meine* Schuld, wenn wir zu kurz kommen? Was sagen Sie?

„ Mein ‚alle zwei Wochen‘ dauert drei Tage ?

„Nein, das ist nicht der Fall; niemals; Nun ja, sehr selten, und das ist dasselbe. Kann ich es verhindern, wenn die Schwarzen wegfliegen und die Sachen noch einmal gespült werden müssen? Sag das nicht; Die Schwarzen machen mich *nicht glücklich, und sie* verlängern mein Vergnügen *nicht ;* Und darüber hinaus sind Sie ein gefühlloser Mann, wenn Sie das sagen. Du bist genug, um eine Frau dazu zu bringen, sich im Grab etwas zu wünschen – das bist du, Caudle.

„Und ein schönes Beispiel, das Sie Ihren Söhnen gegeben haben! Weil wir heute ein wenig gewaschen haben und es kein warmes Abendessen gab – und wer denkt daran, etwas Heißes für Wäscherinnen zu besorgen? - Weil du nicht alles hattest, was du immer hast, musst du auf das kalte Hammelfleisch schwören - und du weißt nicht, was dieses Hammelfleisch pro Pfund kostet, wage ich zu behaupten -, du musst wie ein Herr auf einen süßen, gesunden Braten schwören . Was?

„ Du hast nicht geschworen ?

"Ja; Es ist sehr gut, dass Sie das sagen; aber ich weiß, wann du fluchst; und du schwörst, wenn du es kaum denkst; und ich sage, du musst weiter so fluchen, wie ein Wilder deinen Hut ergreifen, aus dem Haus rennen und in einer Taverne dein Abendessen einnehmen! Die Leute müssen denken, dass du eine hübsche Frau bist, wenn sie dich beim Essen in einem Wirtshaus antreffen. Sie müssen denken, dass Sie ein schönes Zuhause haben, Mr. Caudle! Was?

„ Das machst du jedes Mal, wenn ich mich wasche ?“

„Sehr gut, Mr. Caudle – sehr gut. Wir werden bald sehen, wer das satt hat; denn ich wasche jeden Tag einen Strumpf, wenn das alles ist, früher, als du alles haben solltest, wie du willst. Ha! Das ist so ähnlich wie du: Du würdest jeden mit Füßen treten, wenn du könntest – du weißt, dass du das tun würdest, Caudle, also leugne es nicht.

„Wenn du jetzt anfängst, so zu schreien, verlasse ich das Bett. Es ist sehr schwer, dass ich kein einziges Wort zu Ihnen sagen kann, aber Sie müssen den Ort fast erhöhen.

„ *Du hast nicht geschrien ?*

„Dann weiß ich nicht, wie man Schreien nennt! Ich bin mir sicher, dass die Leute dich im Nebenhaus hören werden. Nein – es reicht jetzt nicht mehr, mich mit sanften Schimpfnamen zu beschimpfen, Caudle: Ich bin nicht mehr der Idiot, der ich war, als ich zum ersten Mal verheiratet war – ich weiß es jetzt besser. Du sollst mich den ganzen Tag so behandeln, wie du es tust. Und dann, nachts, die einzige Zeit und der einzige Ort, an dem ich zu Wort kommen kann, willst du schlafen gehen. Wie kannst du so gemein sein, Caudle?

"Was?

„ *Warum kann ich die Wäsche nicht rausstellen ?*“

„Das hast du tausendmal gefragt, aber es hat keinen Zweck, Caudle; also frag es nicht noch einmal. Ich werde es nicht veröffentlichen. Was sagen Sie?

„ *Frau Prettyman sagt, es sei genauso günstig ?*

„Bitte, was bedeutet Mrs. Prettyman für mich? Ich sollte denken, Herr Caudle, dass ich sehr gut weiß, wie ich ohne den Rat von Frau Prettyman für meine Familie sorgen kann. Mrs. Prettyman, in der Tat! Ich wünschte nur, sie wäre hierhergekommen, damit ich es ihr sagen könnte! Frau Prettyman! Aber vielleicht sollte sie besser kommen und sich für Sie um Ihr Haus kümmern! Oh ja! Ich habe keinen Zweifel daran, dass sie es viel besser machen würde als ich – *sehr* ... Nein, Caudle! *Ich werde meinen Mund nicht halten* . Ich denke, dass ich mittlerweile selbst die Herrin meiner Wäsche sein sollte – und nach der Frau, die ich mit dir gehabt habe, ist es grausam von dir, so weiterzumachen.

„Erzähl mir nicht, dass du die Wäsche rausstellst. Ich sage, es ist nicht so billig – es ist mir egal, ob du dutzendweise wäschst oder nicht – es ist nicht so billig; Ich habe alles reduziert und spare mindestens einen Schilling pro Woche. Was sagen Sie?

„ *Ein lächerlicher Schilling ?*

"Ha! Ich hoffe nur zu Gott, dass es Ihnen nicht ans Herz gewachsen ist, wenn Sie so von Schillingen reden, wie Sie es tun. Fangen Sie jetzt nicht mit Ihrem Komfort an: Ärgern Sie mich nicht weiter und fragen Sie mich, ob Ihr Komfort nicht einen Schilling pro Woche wert ist? Das hat überhaupt nichts damit zu tun – nichts: aber das ist deine Art – wenn ich von einer Sache rede, redest du von einer anderen; Das ist so ähnlich wie bei euch Männern, und ihr wisst es. Gestatten Sie mir, Ihnen zu sagen, Herr Caudle, dass ein Schilling pro Woche zwei Pfund zwölf im Jahr beträgt; und nehmen Sie, sagen wir, dreißig Jahre lang zwei Pfund zwölf pro Jahr, und – nun, Sie brauchen nicht zu stöhnen, Mr. Caudle – ich glaube nicht, dass es so lange dauern wird; Ach nein! Du wirst schon lange vorher jemand anderen haben, der sich um deine Wäsche kümmert – und wäre das nicht um meiner lieben Kinder willen, wäre es mir egal, wie bald. Sie kennen meine Meinung – also gute Nacht, Mr. Caudle.“

„ Dankbar für ihr Schweigen “, schreibt Caudle, *„ schlief ich schnell ein; Als meine Frau meinen Ellbogen rüttelte ,* bemerkte sie: „Denken Sie daran *, morgen gibt es das kalte Hammelfleisch – nichts Heißes, bis das weg ist. “ Denken Sie auch* daran: Da *es heute eine kurze Wäsche war , waschen wir uns am Mittwoch noch einmal .*‘“

VORTRAG XVIII –
Während CAUDLE mit seiner Frau spazieren geht, wird er von einer jüngeren und sogar hübscheren Frau als Mrs. verneigt. CAUDLE

„Wenn ich das Haus nicht verlassen soll, ohne beleidigt zu werden, Mr. Caudle, sollte ich lieber mein Leben lang drinnen bleiben.

"Was! Sagen Sie mir nicht, ich soll Ihnen *eine* Nacht Ruhe gönnen ! Ich wundere mich über deine Unverschämtheit! Es ist völlig in Ordnung, ich kann nie mit dir ausgehen und – Gott weiß! - selten genug, ohne dass meine Gefühle von Menschen aller Art in Stücke gerissen werden. Eine Reihe mutiger Luder!

„ *Wovon schwärme ich ?*"

„Oh, Sie wissen es sehr gut – wirklich sehr gut, Mr. Caudle. Sie muss eine hübsche Person sein, wenn sie einem Mann zunickt, der mit seiner eigenen Frau spazieren geht! Sagen Sie mir nicht, dass es Miss Prettyman ist – was ist Miss Prettyman für mich? Oh!

„ *Du hast sie ein- oder zweimal im Haus ihres Bruders getroffen ?*

„Ja, das glaube ich – daran besteht kein Zweifel. Ich dachte immer, dass dieses Haus etwas sehr Verlockendes hat – und jetzt weiß ich alles. Nun, es nützt nichts, Mr. Caudle, wenn Sie anfangen, laut zu reden und Ihre Arme zu verdrehen und zu werfen, als wären Sie so unschuldig wie ein geborenes Kind – ich lasse mich jetzt nicht von solchen Tricks täuschen. NEIN; Es gab eine Zeit, da war ich ein Narr und glaubte alles; aber – ich danke meinen Sternen! - Ich habe das überstanden.

„Ein mutiges Luder! Du glaubst, ich habe sie nicht auch lachen sehen, als sie dir zunickte! Oh ja, ich wusste, was sie für mich hielt – natürlich für ein armes, elendes Geschöpf. Das konnte ich sehen. Nein – sag es nicht, Caudle. Ich sehe *nicht* immer mehr als alle anderen – aber ich kann und will nicht blind sein, so angenehm es für Sie auch sein mag; Ich muss meine Sinne gebrauchen können. Ich bin sicher, wenn eine Frau Aufmerksamkeit und Respekt von einem Mann will, sollte sie lieber alles andere als seine Frau sein. Das habe ich immer gedacht; und heute hat es sich entschieden.

"NEIN; Ich schäme mich nicht, so zu reden – schon gar nicht.

„ In der Tat *ein gutes , liebenswürdiges junges Geschöpf!*"

"Ja; Ich wage zu behaupten; Ohne Zweifel sehr liebenswürdig. Natürlich denkst du, dass sie das glaubt. Glaubst du, ich habe nicht gesehen, was für eine Haube sie trug? Oh, ein sehr gutes Geschöpf! Und Sie denken, ich hätte die Flecken des Gerichtspflasters auf ihrem Gesicht nicht gesehen?

„ Du hast sie nicht gesehen ?

"Sehr wahrscheinlich; hab ich doch. Sehr liebenswürdig, auf jeden Fall! Was sagen Sie?

„ Ich habe sie wegen meiner schlechten Manieren erröten lassen ?"

„Ich hätte sie gern erröten sehen! „ Es wäre ziemlich schwierig gewesen, Mr. Caudle, durch die ganze Farbe eine Röte zu bekommen." Nein – ich bin keine zensierende Frau, Mr. Caudle; im Gegenteil. NEIN; und Sie können damit drohen, aufzustehen, wenn Sie möchten – ich werde sprechen. Ich weiß, was Farbe ist, und ich sage, es *war* Farbe. Ich glaube, Herr Caudle, *ich* hatte einmal einen Teint – obwohl Sie das natürlich ganz vergessen haben: Ich glaube, ich hatte einmal einen Teint – bevor Ihr Verhalten ihn zerstörte. Bevor ich dich kannte, nannten mich die Leute die Lilie und die Rose; aber – worüber lachst du? Ich sehe nichts, worüber ich lachen könnte. Aber wie gesagt, jeder vor seiner eigenen Frau.

„Und ich kann nicht mit dir ausgehen, aber jede Frau, die du triffst, verneigt sich vor dir!

„ Was meine ich mit „jede Frau", wenn es nur Miss Prettyman ist ?

„Das hat überhaupt nichts damit zu tun. Woher weiß ich, wer sich vor dir verneigt, wenn ich nicht da bin? Alle natürlich. Und wenn sie dich nicht ansehen, warum schaust du sie dann an? Oh! Ich bin mir sicher, dass du das tust. Du tust es auch, wenn ich mit dir unterwegs bin, und natürlich tust du es, wenn ich weg bin. Sag es mir nicht, Caudle – leugne es nicht. Tatsache ist, dass es bei Ihnen zu einer so schrecklichen Gewohnheit geworden ist, dass Sie nicht wissen, wann Sie es tun und wann nicht. Aber ich tue.

„In der Tat, Miss Prettyman! Was sagen Sie?

„ Sie werden nicht still liegen bleiben und hören, wie ich diese ausgezeichnete junge Frau skandalisiere ?"

„Oh, natürlich wirst du ihren Teil übernehmen! Allerdings trägt sie vielleicht doch nicht so viel Schuld. Denn woher soll sie wissen, dass du verheiratet bist? Man sieht dich nie im Freien mit deiner eigenen Frau – niemals. Wohin du auch gehst, du gehst alleine. Natürlich denken die Leute, du bist ein Junggeselle. Was sagen Sie?

„ Du weißt wohl, dass du es nicht bist ?

„Das hat nichts damit zu tun – ich frage nur: Was müssen die Leute denken, wenn ich nie mit dir gesehen werde? Andere Frauen gehen mit ihren Männern aus: Aber ich bin, wie ich schon oft gesagt habe, nicht wie jede andere Frau. Worüber spotten Sie, Mr. Caudle?

„ Woher weiß ich, dass du höhnst ?"

„Sag es mir nicht: Ich weiß es ganz genau, durch die Bewegung des Kissens.

"NEIN; Du gehst nie mit mir aus – und das weißt du. NEIN; und es ist nicht meine eigene Schuld. Wie kannst du da liegen und das sagen? Oh, alles eine schlechte Ausrede! Das sagst du immer. Du hast es tatsächlich satt, mich zu fragen, weil ich immer einen Einwand erhebe? Natürlich kann ich keine Figur rausgehen. Und wenn Sie mich bitten zu gehen, wissen Sie ganz genau, dass meine Haube nicht so ist, wie sie sein sollte – oder dass mein Kleid nicht nach Hause gekommen ist – oder dass ich die Kinder nicht zurücklassen kann – oder dass mich irgendetwas zu Hause festhält. Du weißt das alles gut genug, bevor du mich fragst. Und das ist deine Kunst. Und wenn ich mit dir *ausgehe* , werde ich bestimmt darunter leiden. Ja, Sie müssen meine Worte nicht wiederholen. *Leide darunter* . Aber du glaubst, ich habe keine Gefühle: Oh nein, niemand außer dir selbst hat Gefühle. Ja; Ich hatte vergessen: Miss Prettyman vielleicht – ja, sie kann natürlich Gefühle haben.

„Und wie gesagt, die Leute halten mich für einen ziemlichen Dummkopf. Um sicher zu sein; Als armes, verlassenes Geschöpf muss ich jedem in die Augen sehen. Aber ich wusste, dass Sie Abend für Abend nicht bis elf Uhr bei Mr. Prettyman sein konnten – und Sie dachten sehr daran, dass ich für Sie eintreten würde –, ich wusste, dass Sie nicht ohne Grund dort sein konnten. Und jetzt habe ich es herausgefunden! Oh, mir macht es nichts aus, dass Sie fluchen, Mr. Caudle! Ich bin es, der schwören sollte, wenn ich keine Frau wäre. Aber es ist wie bei euch Männern. Herren der Schöpfung, wie ihr euch selbst nennt! Meine Herren, in der Tat! Und du machst hübsche Sklaven aus den armen Kreaturen, die an dich gebunden sind. Aber ich werde getrennt, Caudle; Ich werde; und dann werde ich aufpassen und die ganze Welt wissen lassen, wie du mich ausgenutzt hast. Was sagen Sie?

„ Ich kann mein Schlimmstes sagen ?

"Ha! Versuchen Sie keine Frau auf diese Weise – tun Sie es nicht, Caudle; denn ich würde nicht für das antworten, was ich gesagt habe.

„Miss Prettyman, in der Tat, und – oh ja! jetzt sehe ich! Jetzt bricht das ganze Licht auf mich ein! Jetzt weiß ich, warum Sie wollten, dass ich sie mit Mr. und Mrs. Prettyman zum Tee einlade! Und ich hätte es fast geschafft, wie ein armer blinder Narr. Aber jetzt sind mir, wie gesagt, die Augen offen! Und du hättest sie unter mein eigenes Dach gebracht – jetzt hat es keinen Sinn, so herumzuhüpfen – du hättest sie genau in das Haus gebracht, wo –"

„ *Hier* “, sagt Caudle, „ *konnte ich es nicht länger ertragen.* “ *Also sprang ich aus dem Bett* und *schlief irgendwie bei den Kindern* .“

VORTRAG XIX –
FRAU. CAUDLE DENKT: „ES WÄRE GUT,
IHREN HOCHZEITSTAG EINZUHALTEN."

„Caudle, Liebes, weißt du, was nächsten Sonntag ist?

" *NEIN* ! *Du nicht* ?

„Na, gab es jemals so einen seltsamen Mann? Kannst du es nicht erraten, Liebling? Nächsten Sonntag, Liebes? Denken Sie nach, Liebling, eine Minute – denken Sie einfach nach.

" *Was* ! *Und du weißt es jetzt nicht* ?

"Ha! Wenn ich nicht ein besseres Gedächtnis hätte als du, wüsste ich nicht, wie wir jemals miteinander auskommen sollten. Na dann, Liebling, soll ich dir sagen, was nächsten Sonntag ist? Warum ist dann doch unser Hochzeitstag? Worüber stöhnen Sie, Mr. Caudle? Ich sehe nichts, worüber ich mich beschweren könnte. Wenn jemand stöhnen sollte, bin ich sicher, dass Sie es nicht sind. Nein: Ich denke eher, dass ich es bin, der stöhnen sollte!

"Oh je! Das ist vierzehn Jahre her. Damals waren Sie ein ganz anderer Mann, Mr. Caudle. Was sagen Sie - ?

„ *Und ich war eine ganz andere Frau* ?

„Überhaupt nicht – trotzdem. Oh, Sie brauchen Ihren Kopf nicht so auf dem Kissen herumzurollen: Ich sage trotzdem. Nun, wenn ich verändert bin, wessen Schuld ist es dann? Nicht meins, da bin ich mir sicher – schon gar nicht. Sagen Sie mir nicht, dass ich damals überhaupt nicht sprechen konnte – ich konnte damals genauso gut sprechen wie heute; nur dann hatte ich nicht die gleiche Ursache. Du bist es, der mich zum Reden gebracht hat. Was sagen Sie?

„ *Es tut dir sehr leid* ?"

„Caudle, du beleidigst mich nur.

"Ha! Du warst vor vierzehn Jahren ein gutmütiges, nettes Wesen und hättest alles für mich getan. Ja, ja, wenn eine Frau immer versorgt würde, sollte sie niemals heiraten. Der Zauber hat ein Ende, wenn sie in die Kirche geht! Wir sind alle Engel, während du uns umwirbst; aber wenn du einmal verheiratet bist, wie schnell reißt du uns die Flügel aus! Nein, Herr Caudle, ich rede keinen Unsinn; Aber die Wahrheit ist, dass du es liebst, niemanden außer dir selbst reden zu hören. Niemand außer dir sagt mir jemals, dass ich Unsinn rede. Nun, es nützt nichts, wenn du dich auf diese Weise umdrehst, es ist kein bisschen – was sagst du dazu?

„ Du wirst aufstehen ?

„ Nein, das werden Sie nicht, Mr. Caudle; Du wirst mir diesen Trick nicht noch einmal vorführen; denn ich habe die Tür verschlossen und den Schlüssel versteckt. Den ganzen Tag über kann man dich nicht erreichen – aber hier kannst du mich nicht allein lassen. Sie brauchen nicht noch einmal zu stöhnen, Mr. Caudle.

„Nun, Caudle, Liebes, lass uns ruhig reden. Schließlich, meine Liebe, gibt es eine Menge Leute, die, glaube ich, nicht halb so gut miteinander auskommen wie wir. Wir haben vielleicht beide unsere kleinen Launen; aber du *bist* ärgerlich; Das musst du besitzen, Caudle. Na ja, egal; wir werden nicht darüber reden; Ich werde dich jetzt nicht schelten. Wir reden über nächsten Sonntag, Liebling. Wir haben unseren Hochzeitstag nie eingehalten, und ich denke, es wäre ein schöner Tag, unsere Freunde zu haben. Was sagen Sie?

„ Sie würden es für Heuchelei halten ? "

„Überhaupt keine Heuchelei. Ich bin sicher, dass ich versuche, mich wohl zu fühlen. Und wenn der Mensch jemals glücklich war, solltest du es sein. Nein, Caudle, nein; es ist kein Unsinn, Hochzeitstage zu feiern; es ist keine Täuschung der Welt; Und wenn ja, wie viele Leute tun es! Ich bin mir sicher, dass es nur ein richtiges Kompliment ist, das ein Mann seiner Frau schuldet. Schauen Sie sich die Winkles an – geben sie nicht jedes Jahr ein Abendessen? Nun ja, ich weiß, und wenn sie sich im Laufe der zwölf Monate ein wenig streiten, hat das nichts damit zu tun. Sie behalten ihren Hochzeitstag und ihre Bekanntschaft hat mit nichts anderem etwas zu tun.

„Wie gesagt, Caudle, es ist nur ein echtes Kompliment, das ein Mann seiner Frau schuldet, wenn sie seinen Hochzeitstag einhält. Es ist so, als würde man der ganzen Welt sagen: „Da!" „Wenn ich noch einmal heiraten müsste, wäre meine gesegnete Frau die einzige Frau, die ich wählen würde!" Also! Ich sehe nichts, worüber ich stöhnen könnte, Mr. Caudle – nein, auch nichts, worüber ich seufzen könnte; aber ich weiß, was du meinst: Ich bin sicher, was wäre aus dir geworden, wenn du nicht geheiratet hättest, wie du es getan hast – du wärst ein verlorenes Geschöpf gewesen! Ich weiß es; Ich kenne deine Gewohnheiten, Caudle; und – ich sage es nicht gern, aber du wärst kaum besser als ein Ragamuffin gewesen. Ich weiß, du wärst in schöne Schwierigkeiten geraten, wenn du mich nicht zur Frau gehabt hättest. Die Mühe, die ich hatte, um Sie respektabel zu halten – und was ist mein Dank? Ha! Ich wünschte nur, du hättest ein paar Frauen gehabt!

„Aber wir werden uns nicht streiten, Caudle. NEIN; Du meinst nichts, ich weiß. Wir werden dieses kleine Abendessen haben, was? Nur ein paar

Freunde? Sagen Sie jetzt nicht, dass es Ihnen egal ist – das ist nicht die Art, mit einer Frau zu sprechen; und vor allem die Frau, die ich mit dir gehabt habe, Caudle. Nun, Sie sind mit dem Abendessen einverstanden, oder? Nun, grunzen Sie nicht, Mr. Caudle, sondern sagen Sie es laut. Du hältst deinen Hochzeitstag? Was?

„ Wenn ich dich schlafen lasse ?

"Ha! Das ist unmännlich, Caudle. Kann man nicht ohne etwas anderes „Ja" sagen? Ich sage – kannst du nicht „Ja" sagen? Da, Gott segne dich! Ich wusste du würdest.

„Und jetzt, Caudle, was sollen wir zum Abendessen haben? Nein – wir werden morgen nicht darüber reden; Wir werden jetzt darüber reden, und dann werde ich es nicht mehr im Kopf haben. Ich hätte gerne etwas Besonderes – etwas Außergewöhnliches – nur um zu zeigen, dass wir uns an dem Tag etwas Besonderes gedacht haben. Ich möchte – Mr. Caudle, Sie schlafen nicht?

" Was will ich ?

„Du weißt doch, dass ich mich über das Abendessen einigen möchte.

„ Habe, was ich mag ?

„Nein: Da es Ihnen gefällt, den Tag zu feiern, ist es nur richtig, dass ich versuche, Ihnen zu gefallen. Wir hatten nie einen, Caudle; Was halten Sie also von einer Rehkeule? Was sagen Sie?

„ Hammel reicht ? "

"Ha! Das zeigt, was Sie von Ihrer Frau halten: Ich wage zu behaupten, dass Sie nichts gegen Wildbret hätten, wenn es mit einem Ihrer Clubfreunde – einem Ihrer Pot-House-Begleiter – wäre. Ich sage wenn – was murmelst du?

„ Lass es Wild sein ?

"Sehr gut. Und nun zum Fisch? Was halten Sie von einem schönen Steinbutt? Nein, Herr Caudle, Glattbutt reicht nicht – es soll Steinbutt sein, sonst wird es überhaupt keinen Fisch geben. Oh, was für ein gemeiner Mann du bist, Caudle! Soll es Steinbutt sein?

" Es sollte ?

"Sehr gut. Und nun zur Suppe – nun, Caudle, beschimpf die Suppe nicht auf diese Weise; Du weißt, dass es Suppe geben muss. Nun ja, einmal, und nur um unseren Freunden zu zeigen, wie glücklich wir waren, werden wir eine echte Schildkröte essen.

„ Nein, das wirst du nicht, du wirst nichts als Spott haben ?"

„Dann, Herr Caudle, können Sie alleine am Tisch sitzen. Scheinschildkröte am Hochzeitstag! Gab es jemals eine solche Beleidigung? Was sagen Sie?

„ Dann soll es doch einmal wahr sein ?

„Ha, Caudle! Wie gesagt, vor vierzehn Jahren waren Sie ein ganz anderer Mensch. Und, Caudle, kümmerst du dich um das Wildbret? Ich kenne irgendwo in der Stadt einen Ort , wo es wunderschön ist! Du wirst darauf achten?

" *Du wirst ?*

"Sehr gut.

„Und wen sollen wir jetzt einladen?

„ Wen mag ich ?

„Nun, wissen Sie, Caudle, das ist Unsinn; Weil ich nur mag, wen du magst. Ich nehme an, die Prettymans müssen kommen? Aber verstehen Sie, Caudle, ich habe keine Miss Prettyman: Ich werde nicht zulassen, dass mein Seelenfrieden unter meinem eigenen Dach zerstört wird! Wenn sie kommt, erscheine ich nicht am Tisch. Was sagen Sie?

" *Sehr gut ?*

„Dann ist es gut so.

„Und jetzt, Caudle, wirst du das Wildbret nicht vergessen? In der Stadt, mein Lieber? Du wirst das Wildbret nicht vergessen? Eine Keule, wissen Sie; eine schöne Keule. Und das Wildbret wirst du nicht vergessen – ? ”

„ Dreimal bin ich eingeschlafen “, sagt Caudle, *„ und dreimal stieß mich meine Frau mit dem Ellbogen an und rief : , Du wirst das Wildbret nicht vergessen ?‘ Schließlich fiel ich in einen tiefen Schlaf und träumte , ich wäre ein Topf mit Johannisbeergelee .*

VORTRAG XX –
„BRUDER" CAUDLE WAR AN EINEM FREIMAURER-BEZÜGLICHEN ABENDESSEN. FRAU. CAUDLE HAT DAS SCHEQUEBUCH DES „BRUDERS" VERSTECKT

„Aber ich sage nur Folgendes: Ich wünschte nur, ich wäre als Mann geboren worden. Was sagen Sie?

„ Du wünschst, ich hätte es getan ?

"Herr. Caudle, ich werde nicht ruhig in meinem eigenen Bett liegen und mich beleidigen lassen. Oh ja, du *wolltest* mich beleidigen. Ich weiß, was du meinst. Du meinst, wenn ich als Mann geboren worden *wäre* , hättest du mich nie geheiratet. Das ist ein hübsches Gefühl, denke ich; und nach der Frau war ich bei dir. Und jetzt gehe ich wohl jeden Tag zu öffentlichen Abendessen! Es nützt nichts, wenn Sie mir erzählen, dass Sie bisher nur bei einem gewesen sind. Das hat nichts damit zu tun – überhaupt nichts. Natürlich bist du jetzt jeden Abend draußen. Ich wusste, was passieren würde, wenn du zum Maurer ernannt würdest: Als du einst zum „Bruder" ernannt wurdest, wie du dich selbst nennst, wusste ich, wo der Ehemann und Vater sein würde; – Da bin ich mir sicher, Caudle, und obwohl ich deine eigene Frau bin, tut es mir leid, das sagen zu müssen – ich bin mir sicher, dass du nicht so viel Herz hast, dass du etwas übrig hast für Leute draußen. Tatsächlich möchte ich den Mann sehen, der es getan hat! Nein, nein, Caudle; Ich bin keineswegs eine egoistische Frau – ganz im Gegenteil; Ich liebe meine Mitgeschöpfe wie eine Ehefrau und Mutter einer Familie, die sich nur um ihren eigenen Mann und ihre Kinder kümmern muss, um sie zu lieben .

„In der Tat ein ‚Bruder'! Was würdest du sagen, wenn ich gehen und zur „Schwester" ernannt werden würde? Ich weiß ganz genau, dass das Haus dich nicht halten würde.

„ Wo ist deine Uhr ?

„Woher soll ich wissen, wo deine Uhr ist? Du solltest wissen. Aber natürlich wissen Leute, die zu öffentlichen Abendessen gehen, nie, wo sich etwas befindet, wenn sie nach Hause kommen. Du hast es zweifellos verloren; und es wird Ihnen ganz recht tun, wenn Sie es getan haben. Wenn es weg sein sollte – und nichts ist wahrscheinlicher –, frage ich mich, ob einer Ihrer „Brüder" Ihnen ein neues schenken wird? Erwischt sie dabei .

„ Sie müssen Ihre Uhr finden ? Und du wirst dafür aufstehen ?

"Unsinn! - Sei nicht dumm - bleib still. Deine Uhr steht auf dem Kaminsims. Ha! Ist das nicht gut für dich, wenn du jemanden hast, der sich darum kümmert?

"Was sagen Sie?

„ Ich bin ein liebes Geschöpf ? “

„Sehr lieb, in der Tat, das denkst du an mich, wage ich zu behaupten. Tatsache ist jedoch, dass Sie heute Abend nicht wissen, wovon Sie sprechen. Ich bin ein Narr, dir meine Lippen zu öffnen – aber ich kann nicht anders.

„ Wo ist deine Uhr ?

„Habe ich es dir nicht gesagt – auf dem Kaminsims?

„ In der Tat, schon gut !

„Hübsches Benehmen, Leute, das ist in Ordnung. Halten Sie jetzt den Mund, Mr. Caudle, und schlafen Sie. Ich bin sicher, das ist das Beste, was Sie heute Nacht tun können. Du wirst morgen früh in der Lage sein, der Vernunft zuzuhören; Jetzt wird es auf dich geworfen.

„ Wo ist dein Scheckbuch ?“

„Kümmern Sie sich nicht um Ihr Scheckbuch. Ich habe mich darum gekümmert.

„ Was hatte ich für ein Geschäft, es dir aus der Tasche zu ziehen ?“

„Jedes Unternehmen. Nein, nein. Wenn Sie sich dafür entscheiden, zu öffentlichen Abendessen zu gehen, warum kann ich nichts dagegen tun, da ich nur Ihre Frau bin? Aber ich weiß, was für Narren die Menschen dort sind; Und wenn ich es weiß, nimmst du dein Scheckbuch nie wieder mit. Was? Habe ich Ihren Namen letztes Jahr nicht für zehn Pfund gesehen? „Job Caudle, Esq., £10.“ In den Zeitungen sah es natürlich sehr gut aus: Und man hielt sich für jemanden, als sie die Tische in den Wirtshäusern umwarfen; aber ich wünschte nur, ich wäre dort gewesen – ja, ich wünschte nur, ich wäre in der Galerie gewesen. Wenn ich nicht auch nur einen Teil meiner Gedanken gesagt hätte, wäre ich nicht am Leben. Tatsächlich zehn Pfund! Und die Welt hält dich dafür für einen sehr guten Menschen. Ich wünschte nur, ich könnte die Welt hierher bringen und ihnen zeigen, was zu Hause gesucht wird. Ich denke, die Welt würde dann ihre Meinung ändern; ja ein bisschen.

"Was sagen Sie?

„ Eine Frau hat kein Recht, die Tasche ihres Mannes zu stehlen ?“

„Du bist ein hübscher Ehemann, so zu reden! Egal: Sie können sie nicht dafür belangen – oder ich habe keinen Zweifel daran, dass Sie es tun würden; überhaupt keine. Manche Männer würden alles tun. Was?

„ *Du hast ein bisschen Kopfschmerzen* ?

„Das hoffe ich – und zwar ein gutes Stück. Hier sind Sie genau richtig. Nein, ich werde nicht den Mund halten. Es ist ja schön und gut für euch Männer, in Tavernen zu gehen – und zu reden – und anzustoßen – und Hurra – und – ich wundere mich, dass ihr euch nicht alle schämt, auf die Gesundheit der Königin mit all den Ehren zu trinken , wie ihr es, glaube ich, nennt – Ja, du erweist dem Geschlecht eine ziemliche Ehre – ich sage, ich frage mich, dass du dich nicht schämst, auf die Gesundheit dieses gesegneten Geschöpfs zu trinken, wenn du nur daran denken musst, wie du deine eigenen Frauen zu Hause gebrauchst. Aber was für Heuchler die Männer sind – oh!

„ *Wo ist deine Uhr* ?

„Habe ich es dir nicht gesagt? Es liegt unter Ihrem Kissen – dort müssen Sie nicht danach tasten. Ich sage dir, es liegt unter deinem Kissen.

" *Es ist alles in Ordnung* ?

"Ja; Sie wissen sehr gut, was gerade richtig ist! Ha! Gab es jemals eine arme Seele, die so missbraucht wurde wie ich?

„ *Ich bin ein liebes Geschöpf* ? “

„Pah! Herr Caudle! Ich muss nur sagen, dass ich Ihr Verhalten satt habe – ganz schön müde, und es ist mir egal, wie schnell damit Schluss sein wird.

„ *Warum habe ich Ihr Scheckbuch mitgenommen* ?

„Ich habe es Ihnen gesagt – um Sie vor dem Ruin zu bewahren, Mr. Caudle.

„ *Du wirst nicht ruiniert* ?“

"Ha! Du weißt nichts, wenn du draußen bist! Ich weiß, was sie bei diesen öffentlichen Abendessen tun – Wohltätigkeitsorganisationen nennen sie sie ; hübsche Wohltätigkeitsorganisationen! Ich glaube, dass wahre Wohltätigkeitsorganisationen immer zu Hause speisen. Ich weiß, was sie tun: Das ganze System ist ein Trick. Nein, *ich bin kein steinhartes Geschöpf*, und Sie sollten sich schämen, das von Ihrer Frau und der Mutter Ihrer Kinder zu sagen, – aber Sie werden mich heute Nacht nicht zum Weinen bringen, das kann ich Ihnen sagen – ich Ich wollte das sagen - oh! Du bist so ein nerviger Mann, ich weiß nicht, was ich sagen sollte!

„ *Gott sei Dank* ?

"Wozu? Ich sehe nicht, dass es etwas gibt, wofür man dem Himmel danken könnte! Ich wollte sagen, ich kenne den Trick öffentlicher Abendessen. Sie bekommen einen Lord oder einen Herzog, wenn sie ihn fangen können – alles, was die Leute sagen lässt, sie hätten mit Adligen gegessen, das ist alles – ja, sie bekommen einen dieser Leute, vielleicht mit einem Stern im Mantel, der den Vorsitz übernimmt – und alle möglichen zuckersüßen Dinge über Wohltätigkeit zu reden – und dummen Männern mit Wein im Mund das Gefühl zu geben, dass sie kein Geld haben; und dann verschließen sie die Augen vor ihren Frauen und Familien zu Hause, während ihre eigenen Gesichter rot und gerötet sind wie Mohnblumen, und sie denken, dass morgen nie kommen wird, dann bringen sie sie dazu, ihre Hand zu Papier zu bringen. Dann zwingen sie sie, ihre Schecks herauszuziehen. Aber ich habe Ihr Buch genommen, Mr. Caudle – Sie konnten es kein zweites Mal machen. Worüber lachst du?

" *Nichts* ?

„Es macht nichts: Ich werde es morgen in der Zeitung sehen; denn wenn du etwas gegeben hast, warst du zu stolz, es zu verbergen. Ich kenne *Ihre* Wohltätigkeit.

„ *Wo ist deine Uhr* ?

„Habe ich dir nicht fünfzig Mal gesagt, wo es ist? Natürlich in der Tasche – über dem Kopf. Kannst du es nicht ticken hören? Nein, heute Abend hört man nichts.

„Und jetzt, Mr. Caudle, würde ich gerne wissen, wessen Hut Sie nach Hause gebracht haben? Du bist mit einem Biber im Wert von dreiundzwanzig Schilling ausgegangen – das zweite Mal hast du ihn getragen – und du bringst etwas mit nach Hause, für das mir kein halbwegs vernünftiger Jude fünf Pence geben würde. Ich konnte nicht einmal einen Topf Primeln bekommen – und du weißt ja, ich verwandle deine alten Hüte immer in Wurzeln – keinen Topf Primeln dafür. Mittlerweile bin ich mir dessen sicher – das habe ich schon oft gedacht –, aber mittlerweile bin ich mir sicher, dass manche Leute nur auswärts essen gehen, um ihren Hut zu wechseln.

„ *Wo ist deine Uhr* ?

„Caudle, du bringst mich in ein frühes Grab!"

Wir hoffen, dass Caudle für sein Verhalten Reue zeigte; Tatsächlich gibt es unserer Meinung nach Beweise dafür, dass er so war: Denn zu dieser Vorlesung hat er keinen Kommentar beigefügt. Der Mann hatte nicht das Gesicht dazu.

VORTRAG XXI –
HERR. CAUDLE HAT SICH BEIM HOCHZEITSDECKEN NICHT „WIE EIN EHEMANN" BEHANDELT

„Ah, ich! Es nützt nichts zu wünschen – überhaupt nichts: Aber ich wünschte, dass gestern vierzehn Jahre wieder zurückkommen könnten. Als Sie mich, Ihre rechtmäßig angetraute Frau, von der Kirche nach Hause brachten, Mr. Caudle, habe ich nicht darüber nachgedacht – ich sage, ich habe nicht darüber nachgedacht, dass ich mein Hochzeitsessen so einhalten sollte, wie ich es heute getan habe. Vor vierzehn Jahren! Ja, ich sehe dich jetzt, in deinem blauen Mantel mit den leuchtenden Knöpfen und deiner weiß gewässerten Satinweste und einer moosrosenfarbenen Knospe in deinem Knopfloch, von der du sagtest, sie sei wie ich. Was?

„ Du hast noch nie so einen Unsinn geredet ?

"Ha! Herr Caudle, Sie wissen nicht, worüber Sie an diesem Tag gesprochen haben – aber ich weiß es. Ja; und dann saßen Sie am Tisch, als ob Ihr Gesicht, wie ich sagen darf, vor Glück gebuttert wäre, und – Was? Nein, Herr Caudle, sagen Sie das nicht; *Ich* habe die Butter nicht abgewischt – ich nicht. Wenn ihr vor allem Männer nicht glücklich seid, dann solltet ihr es sein, weiß die Gnädige!

„Ja, ich *werde* von vor vierzehn Jahren sprechen. Ha! Du hast damals neben mir gesessen und allerlei schöne Dinge für mich ausgesucht. Du hättest mir Perlen und Diamanten zum Essen gegeben, wenn ich sie hätte schlucken können . Ja, sage ich, du hast neben mir gesessen und – worüber redest du?

„ Du konntest heute nicht neben mir sitzen ?"

„Das hat überhaupt nichts damit zu tun. Aber es ist so wie du. Ich kann nicht sprechen, aber du fliegst zu etwas anderem. Ha! und als die Gesundheit des jungen Paares betrunken war, was für eine Rede habt ihr da gehalten! Es hat sehr gut geschmeckt! Wie du alle zum Weinen gebracht hast, als ob ihnen das Herz brechen würde; und ich erinnere mich daran, als wäre es gestern gewesen, wie die Tränen über die Nase des lieben Vaters liefen und wie die liebe Mutter fast einen Anfall bekam! Liebe Seelen! Sie dachten kaum darüber nach, wie du mich bei all deinen guten Reden ausnutzen würdest.

„ Wie hast du mich benutzt ?

„Oh, Herr Caudle, wie können Sie diese Frage stellen? Es ist gut für dich, ich kann dich nicht erröten sehen. *Wie* hast du mich benutzt?

„Nun, dass dieselbe Zunge eine solche Rede halten und dann so reden könnte wie heute!

„ *Wie hast du geredet?*

„Warum, beschämend! Was haben Sie über Ihr Eheglück gesagt? Warum nichts. Was haben Sie über Ihre Frau gesagt? Schlimmer als nichts: Als wäre sie ein Schnäppchen, das einem leid tut, aus dem man aber das Beste machen muss. Was sagen Sie?

„ *Und das Schlechte ist das Beste?*

„Wenn du das noch einmal sagst, Caudle, werde ich aus meinem Bett aufstehen.

„ *Du hast es nicht gesagt?*

„Was hast du dann gesagt? Etwas ganz Ähnliches, ich weiß. Ja, eine schöne Dankesrede für einen Ehemann! Und jeder konnte sehen, dass du dich nicht im Geringsten um mich kümmerst; und deshalb hattest du sie hier: deshalb hast du sie eingeladen , mich ins Gesicht zu beleidigen. Was?

„ *Ich habe dich dazu gebracht, sie einzuladen?*

„Oh, Caudle, was für ein nerviger Mann du bist!

„Ich nehme an, Sie werden als nächstes sagen: „Ich habe Sie dazu gebracht, Miss Prettyman einzuladen?“ Oh ja; Erzähl mir nicht, dass ihr Bruder sie mitgebracht hat, ohne dass du es weißt. Was?

„ *Habe ich ihn das nicht sagen hören?*

" Natürlich habe ich; Aber glauben Sie, dass ich ein ziemlicher Idiot bin? Glaubst du, ich weiß nicht, dass das alles zwischen euch geklärt ist? Und sie muss ein netter Mensch sein, wenn sie ungefragt in das Haus einer Frau kommt? Aber ich weiß, warum sie gekommen ist. Oh ja; sie kam, um sich umzusehen.

„Oh, die Bedeutung ist klar genug. - Sie kam, um zu sehen, wie ihr die Räume gefallen würden – wie ihr mein Platz am Kamin gefallen sollte; Wie sie – und wenn es nicht ausreicht, einer Mutter das Herz zu brechen, so behandelt zu werden! - wie sie meine lieben Kinder mögen sollte.

„Nun, es hat keinen Zweck, herumzuhüpfen – aber das ist natürlich alles; Ich kann Miss Prettyman nicht erwähnen, aber Sie schleudern herum, als ob Sie einen Anfall hätten. Das zeigt natürlich, dass da etwas drin ist. Warum sollten Sie sich sonst stören? Glaubst du, ich habe sie nicht gesehen, wie sie die Chiffren auf den Löffeln betrachtete, als ob sie meine bereits ausgekratzt und ihre dort schon gesehen hätte? Nein, ich werde Sie nicht verrückt machen,

Mr. Caudle; Und wenn ich es tue, ist es deine eigene Schuld. Kein anderer
Mann würde die Frau seines Herzens so behandeln – Was sagst du?

„ Du hättest genauso gut einen Igel heiraten können ?"

„So, jetzt ist es soweit! Aber es ist immer so! Wann immer Sie Miss Prettyman
gesehen haben, werde ich bestimmt beschimpft. Ein Igel! Es ist eine schöne
Sache für eine Frau, von ihrem Mann angerufen zu werden! Sie glauben doch
nicht, dass ich ruhig im Bett liegen und als Igel bezeichnet werde – oder, Mr.
Caudle?

„Nun, ich hoffe nur, dass Miss Prettyman ein gutes Abendessen hatte, das ist
alles. Ich hatte keine! Du weißt, ich hatte keine – wie sollte ich welche
bekommen? Du weißt, dass der einzige Teil des Truthahns, der mir am
Herzen liegt, der fröhliche Gedanke ist. Und das ging natürlich an Miss
Prettyman. Oh, ich habe dich lachen sehen, als du es ihr auf den Teller gelegt
hast! Und glauben Sie nicht, dass ich nach so einer Beleidigung noch etwas
anderes auf dem Tisch schmecken würde? Nein, ich sollte hoffen, dass ich
mehr Mut habe. Ja; und du hast viermal Wein mit ihr genommen. Was sagen
Sie?

" *Nur zweimal ?*

„Oh, Sie waren so verloren – fasziniert, Mr. Caudle; ja, fasziniert – dass du
nicht wusstest, was du getan hast. Allerdings glaube ich, dass ich zu meinen
Lebzeiten an meinem eigenen Tisch mit Respekt behandelt werden könnte.
Ich sage, während ich lebe; denn ich weiß, ich werde nicht lange durchhalten,
und dann könnte Miss Prettyman kommen und alles nehmen. Ich
verschwende täglich, und das ist kein Wunder. Ich sage nie etwas darüber,
aber jede Woche werden meine Kleider abgeholt.

„Ich habe gelebt, um etwas zu lernen, gewiss! Miss Prettyman rümpfte
angesichts meiner Vanillepuddings die Nase. Es reicht nicht aus, dass Sie
immer selbst Fehler finden, sondern Sie müssen Frauen nach Hause bringen,
die mich an meinem eigenen Tisch verspotten. Was sagen Sie?

„ Sie hat nicht die Nase gerümpft ?

„Ich weiß, dass sie es getan hat; nicht, aber was es unnötig ist – die Vorsehung
hat es ihr schon genug aufgedreht. Und sie muss sich über meine
Vanillepuddings lustig machen! Oh, ich sah sie mit dem Löffel zerkleinern,
als würde sie Sand kauen. Was sagen Sie?

„ Sie hat meinen Plumpudding gelobt ?

„Wer hat sie gebeten, es zu loben? Wie ihre Unverschämtheit, denke ich!

„Ja, es war ein schöner Tag für mich. Ich denke, diesen Hochzeitstag werde
ich nicht vergessen! Und wie gesagt, es war eine schöne Dankesrede, die Sie

gehalten haben. Nein, Caudle, wenn ich hundert Jahre leben würde – Sie brauchen nicht zu stöhnen, Herr Caudle, ich werde Sie nicht die Hälfte dieser Zeit belästigen – wenn ich hundert Jahre leben würde, würde ich es nie vergessen. Niemals! Sie haben nicht einmal eines Ihrer Kinder in Ihre Rede einbezogen. Und – liebe Geschöpfe! - Was haben *sie* getan, um dich zu beleidigen? NEIN; Ich werde dich nicht verrückt machen. Sie sind es, Mr. Caudle, die mich in den Wahnsinn treiben werden. Jeder sagt es.

„Und Sie glauben, ich habe nicht gesehen, wie es zustande kam, dass Sie und *Miss* Prettyman beim Whist immer Partner waren?

„ *Wie wurde es gemanagt* ?

„Warum, klar genug. Natürlich packte man die Karten ein und konnte ausschneiden, was einem gefiel. Das hatten Sie untereinander geklärt. Ja; und wenn sie einen Stich machte, anstatt einen Trumpf abzuspielen, spielte sie tatsächlich Whist! - Was hast du zu ihr gesagt, als sie feststellte, dass es falsch war? Oh – es war unmöglich, dass sich *ihr* Herz irrte! Und das, Herr Caudle, vor den Leuten – mit Ihrer eigenen Frau im Raum!

„Und Miss Prettyman – ich werde nicht den Mund halten. Ich *werde* über Miss Prettyman sprechen: Wer ist sie eigentlich, dass ich nicht über sie sprechen sollte? Ich nehme an, sie denkt, sie singt? Was sagen Sie?

„ *Sie singt wie eine Meerjungfrau* ? “

„Ja, sehr – sehr wie eine Meerjungfrau; denn sie singt nie, aber sie entblößt sich. Ich denke, sie hätte sich vielleicht für ein anderes Lied entschieden. „ *Ich liebe jemanden* “, tatsächlich; als ob ich nicht wüsste, wer mit diesem „Jemand“ gemeint ist; und der ganze Raum wusste es natürlich; und dafür wurde es getan, für nichts anderes.

„Aber Herr Caudle, da ich mich entschieden habe, werde ich heute Abend nichts mehr über die Angelegenheit sagen, sondern versuchen, einzuschlafen.“

„ *Und zu meinem Erstaunen und meiner Dankbarkeit* “, schreibt Caudle, „ *hat sie ihr Wort gehalten* .“

VORTRAG XXII –
CAUDLE KOMMT AM ABEND NACH HAUSE, ALS MRS. CAUDLE IST „GERADE AUSGEGANGEN, EINKAUFEN." Bei ihrer Rückkehr um 10 Uhr wehrt sich Caudle

"Herr. Caudle, du hättest einen Sklaven haben sollen – ja, einen schwarzen Sklaven und keine Frau. Ich bin sicher, ich wäre besser sofort als Neger geboren worden – viel besser.

" *Was ist jetzt das Problem ?*

„Nun, das gefällt mir. Bei meinem Leben, Mr. Caudle, das ist sehr cool. Ich kann das Haus nicht verlassen, nur um einen Meter Band zu kaufen, aber du stürmst genug, um das Dach abzureißen.

„ Du hast nicht gestürmt ? Du hast nur gesprochen ?

„Wir haben tatsächlich gesprochen! Nein, mein Herr, ich habe keine so superfeinen Gefühle; und ich schreie nicht, bevor ich verletzt bin. Aber du hättest eine Frau aus Stein heiraten sollen, denn du empfindest für niemanden, das heißt für niemanden in deinem eigenen Haus. Ich wünschte nur, du würdest zu Hause etwas von deiner Menschlichkeit zeigen, wenn auch nur so wenig – das ist alles.

"Was sagen Sie?

„ Wo bleiben meine Gefühle, abends einkaufen zu gehen ?"

„Wann soll ich gehen? In der sengenden Sonne mein Gesicht wie das einer Zigeunerin machen? Ich sehe nichts, worüber ich lachen könnte, Mr. Caudle; Aber Sie denken zuerst an das Gesicht eines anderen Menschen als an das Ihrer Frau. Oh, das ist klar genug; und die ganze Welt kann es sehen. Ich wage zu sagen, wenn es Miss Prettymans Gesicht wäre – jetzt, jetzt, Mr. Caudle! Wofür stürzt du dich? Ich nehme an, Miss Prettyman ist keine so wunderbare Person, dass man sie nicht nennen darf? Ich nehme an, sie ist aus Fleisch und Blut. Was?

„ Du weißt es nicht ?

"Ha! Das weiß ich nicht.

„Was, Herr Caudle?

„ Du wirst ein separates Zimmer haben – du wirst nicht auf diese Weise gequält ?"

„Nein, das werden Sie nicht, Sir – nicht, solange ich lebe. Ein separater Raum! Und Sie bezeichnen sich selbst als einen religiösen Mann, Mr. Caudle. Ich würde Ihnen raten, das Gebetbuch zur Hand zu nehmen und den Trauungsgottesdienst durchzulesen. Tatsächlich ein separater Raum! Caudle, du wirst ein ziemlicher Heide. Ein separater Raum! Na ja, dann würden die Diener reden! Aber nein: Kein Mann – nicht der Beste, den es je gegeben hat, Caudle – sollte mich jemals so verächtlich aussehen lassen.

„Ich *werde nicht* schlafen gehen; und du solltest mich besser kennen, als mich zu bitten, den Mund zu halten. Weil du nach Hause kommst, wenn ich gerade rausgekommen bin, um ein bisschen einzukaufen, bist du schlimmer als eine Furie. Ich würde gerne wissen, wie viele Stunden ich für Sie aufsitze? Was sagen Sie?

„ Niemand will, dass ich mich aufsetze ?

"Ha! Das ist wie die Dankbarkeit der Menschen – genau wie sie ! Aber eine arme Frau kann das Haus nicht verlassen, das – was?

„ Warum kann ich nicht zu angemessenen Zeiten gehen ?

"Vernünftig! Wie nennt man acht Uhr? Wenn ich um elf und zwölf ausginge, wenn du nach Hause kommst, könntest du reden; aber sieben oder acht Uhr – nun, es ist die Kühle des Abends; die schönste Zeit für einen Spaziergang; und, wie gesagt, ein bisschen einkaufen. Oh ja, Herr Caudle, ich denke genauso viel an die Leute, die in den Läden gehalten werden wie Sie; aber das hat überhaupt nichts damit zu tun. Ich weiß, was du hättest. Sie möchten, dass all diese jungen Männer frühzeitig von der Theke entlassen werden, um das zu verbessern, was Sie gerne als ihren Geist bezeichnen. Hübsche Ideen, die man unter Freidenkern aufschnappt, und ich weiß nicht, was! Als ich ein Mädchen war, sprachen die Leute nie über den Verstand – ich glaube, man nennt es den Intellekt. Unsinn! ein neumodisches Ding, komm einfach hoch; und je früher es erlischt, desto besser.

„Erzähl es mir nicht! Wozu sind Geschäfte da, wenn sie nicht auch spät und früh geöffnet haben sollen? Und was sind Ladenbesitzer, wenn sie nicht immer für ihre Kunden da sind? Ich nehme an, die Leute zahlen für das, was sie haben, und man darf ihnen nicht sagen, wann sie kommen und ihr Geld ausgeben sollen und wann nicht ? Gott sei Dank! wenn ein Geschäft schließt, bleibt ein anderes offen; und ich halte es immer für eine Pflicht, in den Laden zu gehen, der zuletzt geöffnet hat: Nur so kann man die Ladenbesitzer bestrafen, die untätig sind und sich wegen der frühen Morgenstunden aufspielen.

„Außerdem gibt es einige Dinge, die ich am liebsten bei Kerzenlicht kaufe. Oh, rede nicht mit mir über die Menschheit! In der Tat, die Menschheit ist ein Rudel großer, stämmiger junger Kerle – einige von ihnen groß genug, um als Riesen gezeigt zu werden! Und was haben sie zu tun? Warum nichts anderes, als hinter einer Theke zu stehen und höflich zu reden? Ja, ich kenne Ihre Ansichten; Sie sagen, dass jeder zu viel arbeitet: Das weiß ich. Die ganze Welt würde die Hälfte ihrer Zeit mit nichts weiter tun, als Däumchen zu drehen, in den Parks spazieren zu gehen oder in Bildergalerien und Museen zu gehen und solchen Unsinn. Wirklich sehr gut; aber Gott sei Dank! Die Welt ist noch nicht so weit.

„Was halten Sie von mir, Mr. Caudle?

„ *Eine dumme Frau, die nicht über meinen eigenen Kamin hinausschauen kann ?*

„Oh ja, das kann ich; ganz so weit wie du und noch viel weiter. Aber ich kann nicht ein bisschen mit meiner lieben Freundin Frau Wittles einkaufen gehen – worüber lachst du? Oh, nicht wahr? Wissen Frauen nicht, was Freundschaft ist? Bei meinem Leben, du hast eine gute Meinung von uns! Oh ja, das können wir – wir können über unsere eigenen Grenzen hinausschauen, Mr. Caudle. Und wenn wir das nicht können, ist es umso besser für unsere Familien. Für ihre Frauen und Kinder wäre es ein Segen, wenn die Männer das nicht könnten. Sie hätten diese fünf Pfund nicht geliehen – und ich wage zu sagen, noch viele weitere fünf Pfund, von denen ich nichts weiß – wenn Sie – ein Herr der Schöpfung wären! - hatte nur halb so viel Verstand wie Frauen. Ich glaube, man erwischt uns selten dabei, fünf Pfund zu leihen. Ich sollte nicht denken.

„Nein, wir werden morgen früh nicht darüber reden. Du wirst meine Gefühle nicht verletzen, wenn ich nach Hause komme, und denke, ich soll nichts dazu sagen. Sie haben mich eine unmenschliche Person genannt; Sie haben gesagt, ich habe keinen Gedanken und kein Gefühl für die Gesundheit und das Wohlergehen meiner Mitgeschöpfe; Ich weiß nicht, wie du mich nicht genannt hast; und nur für den Kauf eines – aber ich werde Ihnen nicht sagen, was; Nein, ich werde dich dort nicht befriedigen – aber du hast mich auf diese Art und Weise missbraucht, und zwar nur für den Einkauf bis zehn Uhr. Du hast eine Menge feines Mitgefühl, das hast du! Ich bin sicher, der junge Mann, der mir diente, hätte einen Ochsen niederschlagen können; ja, stark genug, um ein Haus zu heben: aber du kannst Mitleid mit ihm haben – oh ja, du kannst ihm und der Welt, wie du es nennst, voller Güte sein. Oh, Caudle, was für ein Heuchler du bist! Ich wünschte nur, die Welt wüsste, wie Sie Ihre arme Frau behandelt haben!

"Was sagen Sie?

„ *Lass dich aus Liebe zur Barmherzigkeit schlafen ?*

„Gnade, in der Tat! Ich wünschte, du könntest anderen Menschen ein wenig davon zeigen. Oh ja, ich *weiß*, was Gnade bedeutet; Aber das ist kein Grund, warum ich etwas früher einkaufen gehen sollte – und das werde ich auch nicht tun. NEIN; Das hast du mir immer wieder gepredigt; Sie haben mich dazu gebracht, zu Besprechungen zu gehen, um davon zu hören: Aber das ist kein Grund, warum Frauen nicht so lange einkaufen sollten, wie sie möchten. Es ist, wie ich schon sagte, völlig in Ordnung, dass Sie Männer bei Besprechungen mit uns sprechen, wo wir natürlich lächeln und so weiter – und manchmal unsere weißen Taschentücher schütteln – und wo Sie sagen, wir haben die Kraft der frühen Morgenstunden in unseren eigenen Händen. Natürlich haben wir; und wir wollen es behalten. Das heißt, das tue ich. Du wirst mich nie bis zum Schluss beim Einkaufen erwischen; Und grundsätzlich gehe ich immer in den Laden, der gerade geöffnet hat. Es tut den jungen Männern gut, wenn sie nah am Geschäft bleiben. Verbessere tatsächlich ihren Geist! Wenn man sie um sieben rauslässt, werden sie nur ihr Billard verbessern. Außerdem, wenn sie sich verbessern wollen, können sie dann nicht um drei Uhr bei diesem schönen Wetter aufstehen? Wo ein Wille ist, ist auch ein Weg, Mr. Caudle."

„ Ich dachte ", schreibt Caudle, *„ dass sie eingeschlafen wäre. In dieser Hoffnung döste ich gerade ein, als sie mich joggte und so erklärte : „ Caudle, du willst einen Schlummertrunk; Aber sehen Sie, ob ich mich dazu traue, sie bis neun Uhr abends zu kaufen !"*

VORTRAG XXIII –
FRAU. CAUDLE „MÖCHTE WISSEN, OB SIE DIESEN SOMMER AN DIE MEERFAHREN ODER NICHT – DAS IST ALLES"

"Heiß? Ja, es *ist* heiß. Ich bin mir sicher, dass man bei diesem Wetter genauso gut in einem Ofen sitzen könnte wie in der Stadt. Sie scheinen zu vergessen, dass es Juli ist, Mr. Caudle. Ich habe still gewartet – habe nie gesprochen; Dennoch haben Sie noch kein Wort über das Meer verloren. Nicht, dass ich mich selbst darum kümmere – oh nein; Meine Gesundheit ist nicht im geringsten von Bedeutung. Und tatsächlich wollte ich sagen – aber das werde ich nicht tun –, dass es vielleicht umso besser ist, je früher ich von dieser Welt verschwinde. Oh ja; Ich wage zu behaupten, dass Sie das denken – natürlich denken Sie das, sonst würden Sie nicht daliegen und nichts sagen. Du bist genug, um einen Heiligen zu ärgern, Caudle; aber du sollst mich nicht ärgern. NEIN; Ich habe mich entschieden und habe nie wieder vor, mich von dir ärgern zu lassen. Warum sollte ich mir Sorgen machen?

„Aber alles, was ich Sie fragen möchte, ist Folgendes: Haben Sie vor, diesen Sommer ans Meer zu fahren?

" *Ja ? Du gehst nach Gravesend ?*

„Dann gehst du allein, das ist alles, was ich weiß. Gravesend! Genauso gut könnte man einen Salzkeller im New River leeren und das als Meeresufer bezeichnen. Was?

„ *Es ist praktisch für das Geschäft ?* "

„Da bist du wieder! Ich kann nie davon sprechen, ein wenig Freude zu haben, aber Sie werfen mir Geschäfte in die Quere. Ich bin mir sicher, dass Sie niemals zulassen, dass das Geschäft Ihrem eigenen Vergnügen im Wege steht, Mr. Caudle – nicht Sie. Es wäre umso besser für Ihre Familie, wenn Sie es täten.

„Du weißt, dass Matilda gerne im Meer baden möchte; man erkennt es oder sollte es wissen, am Aussehen des Kindes; und doch – ich kenne dich, Caudle – hättest du den Sommer verstreichen lassen und nie ein Wort darüber gesagt. Was sagen Sie?

„ *Margate ist so teuer ?*

"Gar nicht. Ich bin mir sicher, dass es am Ende für uns günstiger sein wird; denn wenn wir nicht gehen, werden wir alle – jeder von uns – im Winter krank sein. Nicht, dass meine Gesundheit von Bedeutung wäre: Das weiß ich nur zu gut. Das war es noch nie. Du weißt, dass Margate der einzige Ort ist, an dem ich frühstücken kann, und trotzdem redest du von Gravesend! Aber was esse ich für dich? Es wäre dir egal, wenn ich überhaupt nichts essen würde. Du achtest nie auf meinen Appetit wie jeder andere Ehemann, sonst hättest du gesehen, worauf es hinausläuft.

"Was sagen Sie?

" *Wie viel wird es kosten ?*

„Da sind Sie wieder, Mr. Caudle, mit Ihrer Gemeinheit. Wenn Sie selbst nach Blackwall oder Greenwich wollen, fragen Sie sich nie, wie viel es kosten wird. Was?

„ Du gehst nie nach Blackwall ?

"Ha! Das weiß ich nicht; und wenn nicht, hat das überhaupt nichts damit zu tun. Ja, Sie können einer Guinea einen Teller mit Whitebait für sich selbst schenken. Nein, Sir, ich bin keine dumme Frau, und ich weiß sehr gut, wovon ich rede – niemand besser. Eine Guinea für Whitebait für sich selbst, wenn Sie Ihrer armen Familie ein halbes Liter Garnelen gönnen. Äh?

„ Du gönnst ihnen nichts ?

„Ja, es ist sehr gut, dass du da liegst und es sagst.

„ Was wird es kosten ?

„Es ist egal, was es kosten wird, denn wir werden jetzt überhaupt nicht gehen. NEIN; wir bleiben zu Hause. Im Winter werden wir alle krank sein – jeder von uns, alle außer Ihnen; und nichts macht dich jemals krank. Ich habe keinen Zweifel daran, dass wir alle ruhen werden, und die Rechnung eines Arztes wird so hoch sein wie eine Eisenbahn; aber egal. Es ist besser – viel besser – für schlechte Medikamente zu bezahlen als für frische Luft und gesundes Salzwasser. Nennen Sie mich nicht „Frau" und fragen Sie, „was es kosten wird". Ich sage Ihnen, wenn Sie das Geld vor mir auf diese Decke legen würden, würde ich jetzt nicht gehen – schon gar nicht. Es ist besser, dass wir alle krank sind; ja, dann wirst du zufrieden sein.

„Das stimmt, Herr Caudle; Geh schlafen. Es ist wie dein gefühlloses Selbst! Ich spreche davon, dass wir alle im Stich gelassen werden; und du drehst dich wie jeder Stein um und fängst an einzuschlafen. Nun, ich finde, das ist eine ziemliche Beleidigung!

„ Wie kannst du mit so einem Splitter im Fleisch schlafen ?"

„Ich nehme an, du willst mich den Splitter nennen? - und nach der Frau war ich bei dir! Aber nein, Herr Caudle, Sie können mich nennen, wie Sie wollen;

Du wirst mich jetzt nicht zum Weinen bringen. Nein, nein; Ich vergieße meine Tränen jetzt nicht mehr über solch eine Person.

"Was?

" *Nicht* ?

"Ha! das ist deine Undankbarkeit! Aber keiner von euch Männern hat es verdient, dass eine Frau ihn liebt. Mein armes Herz!

„Alle außer uns können die Stadt verlassen. Ha! Wenn ich nur Simmons geheiratet hätte – Was?

„ *Warum habe ich es nicht getan* ?

„Ja, das ist alles, was ich an Dank kriege.

„ *Wer ist Simmons* ? "

„Oh, Sie wissen sehr gut, wer Simmons ist. Er hätte mich etwas besser behandelt, denke ich. Er *war* ein Gentleman.

„ *Sie können es nicht sagen* ?

„Vielleicht nicht, aber ich kann. Bei solch einem Wetter wie diesem in London schmelzend zu bleiben; und wenn die Maler kommen!

„ *Sie wollen die Maler nicht reinlassen* ?"

"Aber du musst; und wenn sie einmal hereinkommen, bin ich fest entschlossen, dass sich dann keiner von uns rührt. Malen im Juli, mit einer Familie im Haus! Natürlich werden wir alle vergiftet; aber was kümmert dich das?

„ *Warum kann ich Ihnen nicht sagen, was es kosten wird* ?"

„Wie kann ich oder eine Frau genau sagen, was es kosten wird? Natürlich ist eine Unterkunft – und auch in Margate – etwas teurer als das Leben im eigenen Haus.

„ *Puh* ! *Du weißt, dass* ?

„Nun, wenn ja, Mr. Caudle, dann ist es wohl kein Verrat, es so zu nennen. Wenn man sie jedoch zwei Monate lang einnimmt, sind sie günstiger als für einen. Nein, Mr. Caudle, ich werde es in einem Monat nicht ganz satt haben. Nein: Und es stimmt nicht, dass ich kaum rauskomme, als ich wieder nach Hause will. Natürlich hatte ich Margate vor drei Jahren satt, als du mich noch allein am Strand spazieren ließen und mich durch alle möglichen Teleskope anstarren ließen. Aber das tun Sie nicht noch einmal, Mr. Caudle, das kann ich Ihnen sagen.

„ *Was werde ich bei Margate tun* ?"

„Warum gibt es da nicht Baden und Muscheln sammeln? Und sind da nicht die Pakete mit den Eseln? und der letzte neue Roman, was auch immer es ist, den man lesen kann? - denn der einzige Ort, an dem ich ein Buch wirklich genieße, ist am Meer. NEIN; Es ist nicht so, dass ich Salz beim Lesen mag, Mr. Caudle! Ich nehme an, Sie nennen das einen Witz? Vielleicht behältst du deine Witze tagsüber auf, denke ich. Aber wie ich schon sagte – nur du wirst mich immer unterbrechen – der Ozean scheint mir immer den Geist zu öffnen. Ich sehe nichts, worüber ich lachen könnte; aber du lachst immer, wenn ich etwas sage. Manchmal fühle ich mich am Meer – besonders bei Ebbe – so glücklich, als ob ich weinen könnte.

„Wann soll ich die Sachen fertig machen? Für nächsten Sonntag?

„ Was wird es kosten ?

„Oh, da – rede nicht darüber. Nein, wir werden nicht gehen. Ich werde morgen die Maler holen lassen. Was?

„ Ich kann gehen und die Kinder mitnehmen, und du bleibst ?“

„Nein, Herr, Sie gehen mit mir, oder ich rühre mich nicht. Ich werde nicht wie eine Henne mit ihren Hühnern freigelassen werden, und niemand, der mich beschützt. Also fahren wir am Montag? Äh?

„ Was wird es kosten ?

„Was für ein Mann du bist! Nun, Caudle, ich bin der Meinung, dass wir es unter 70 Pfund mit den Lederpantoffeln und allem nicht schaffen werden. NEIN; Ich werde nicht die Hausschuhe wegnehmen und fünfzig sagen. Es wiegt siebzig Pfund und nicht weniger. Natürlich wird durch das, was vorbei ist, so viel gespart. Caudle, was für ein Mann du bist! Na, sollen wir am Montag gehen? Was sagen Sie -

" Du wirst sehen ?

„Da ist ein Schatz. Dann, Montag.“

„ Alles für eine Chance auf Frieden ", schreibt Caudle. *„ Ich habe der Reise zugestimmt, weil ich dachte, dass ich in einem Wechselbett besser schlafen könnte ."*

VORTRAG XXIV –
FRAU. CAUDLE WÄHRT AUF CAUDLES
„Grausame Vernachlässigung" von ihr an Bord des „Roten Rovers" ein. FRAU. CAUDLE war so „krank vom Meer", dass sie im Dolphin in Herne Bay unterkamen.

„Caudle, hast du unter das Bett geschaut?

" *Wozu* ?

„Segne den Mann! Natürlich für Diebe. Glaubst du, ich würde ohne in einem fremden Bett schlafen? Sag mir nicht, dass es Unsinn ist! Ich sollte die ganze Nacht kein Auge zudrücken. Nicht, dass Ihnen das gefallen würde; Nicht, dass du es tun würdest – sei still! Ich bin sicher, ich habe jemanden gehört. NEIN; Es ist kein bisschen wie eine Maus. Ja; Das ist wie du – lach. Es wäre nicht zum Lachen, wenn – ich bin sicher, da *ist* jemand! - Ich bin mir sicher, dass es das gibt!

„ – Ja, Herr Caudle; jetzt *bin ich* zufrieden. Jeder andere Mann wäre aufgestanden und hätte nachgeschaut; besonders nach meinen Leiden an Bord dieses schrecklichen Schiffes. Aber erwisch dich beim Rühren! Ach nein! Du würdest mich hier liegen lassen und ausgeraubt und getötet werden, egal, was dir am Herzen liegt. Warum gehst du nicht schlafen? Was sagen Sie?

„ *Es ist die seltsame Luft – und in einer seltsamen Luft ist man immer schläfrig* ?"

„Das zeigt die Gefühle, die du hast, nach dem, was ich durchgemacht habe. Und auch noch so brutal gähnen! Caudle, du hast nicht mehr Herz als diese Holzfigur im weißen Unterrock vorne am Schiff.

"NEIN; Ich *konnte mein Temperament nicht* zu Hause lassen. Ich wage zu behaupten! Denn einmal in deinem Leben hast du mich herausgebracht – ja, ich sage einmal, oder zwei- oder dreimal, mehr ist es nicht; denn, wie ich schon sagte, wenn du mich einmal herausbringst, soll ich ein Sklave sein und nichts sagen. Wirklich ein Vergnügen! Es würde mir eine große Freude bereiten, wenn man mir sagt, ich solle den Mund halten. Eine schöne Art, einer Frau zu gefallen.

"Liebe mich! wenn sich das Bett nicht dreht und herumtanzt! Ich habe dieses ganze dreckige Schiff im Kopf! Nein: Mir wird es morgen früh nicht gut gehen . Aber nichts schadet jemals jemandem außer Ihnen selbst. Sie brauchen nicht so zu stöhnen, Mr. Caudle, wenn Sie vielleicht die Leute im Nebenzimmer stören. Es ist eine Gnade, dass ich lebe, da bin ich mir sicher.

Wenn ich nicht einmal alles dafür gegeben hätte, dass mich jemand über Bord geworfen hätte! Worüber schmatzen Sie, Mr. Caudle? Aber ich weiß, was du meinst – natürlich hättest du dich nie gerührt, um sie aufzuhalten ; nicht du. Und dann hätten Sie vielleicht gewusst, dass der Wind heute wehen würde; Aber deshalb bist du gekommen.

„Was auch immer ich hätte tun sollen, wenn diese gute Seele nicht gewesen wäre – dieser gesegnete Kapitän Large! Ich bin sicher, dass alle Frauen, die nach Margate gehen, für ihn beten sollten; so aufmerksam bei Seekrankheit und so ein Gentleman! Wie ich beim ersten Umdrehen ohne ihn die Treppe hinuntergekommen sein soll, weiß ich nicht. Sagen Sie mir nicht, ich hätte mich nie bei Ihnen beschwert; Du hast vielleicht gesehen, dass ich krank war. Und wenn alle wie eine schlechte Wachskerze aussahen, konnte man umhergehen und das, was man seine Witze nennt, über die kleine Boje machen, die am Nore nie krank war, und so einen gefühllosen Müll.

„Ja, Caudle; Wir sind jetzt schon viele Jahre verheiratet, aber wenn wir noch tausend Jahre zusammenleben würden – warum fassen Sie dann die Hände? - Tausend Jahre später, sage ich, werde ich Ihr Verhalten an diesem Tag nie vergessen. Du könntest ans andere Ende des Schiffes gehen und eine Zigarre rauchen, wenn du wüsstest, dass ich krank sein würde – oh, du wusstest es; denn das bin ich immer. Auch die brutale Art und Weise, wie du diesen kalten Brandy mit Wasser zu dir nahmst – du dachtest, ich hätte dich nicht gesehen; Aber obwohl ich krank war und kaum in der Lage war, meinen Kopf hochzuhalten, habe ich dich die ganze Zeit beobachtet. Drei Gläser kalter Brandy und Wasser; und du hast daran genippt und die Gesundheit von Menschen getrunken, die dir völlig egal waren; während die Gesundheit Ihrer eigenen rechtmäßigen Frau nichts bedeutete. Drei Gläser Brandy und Wasser, und *ich* ging – wie ich sagen darf – allein! Du hast sie nicht gehört , aber alle weinten vor Scham über dich.

"Was sagen Sie?

„ *Vielleicht meine eigene Schuld ?“ Ich habe zu viel zu Abend gegessen ?*

„Nun, du bist ein Mann! Wenn ich mehr als die Brust und die Keule dieser jungen Gans nehmen würde – ein Ding, das sozusagen direkt aus der Schale kommt – mit dem geringsten bisschen Füllung, dann bin ich eine böse Frau. Was sagen Sie?

„ *Hummersalat ?*

„La! - Wie kann man darüber sprechen? Ein einen Monat altes Baby hätte mehr gegessen. Was?

„ *Stachelbeerkuchen ?*

„Nun, wenn du das benennst, benennst du alles. Ich habe tatsächlich zu viel gegessen! Glaubst du, ich würde für ein Abendessen bezahlen und nichts essen? Nein, Herr Caudle; Es ist gut für Sie, dass ich etwas mehr über den Wert des Geldes weiß.

„Aber natürlich waren Sie mehr engagiert, als sich um mich zu kümmern. Mr. Prettyman kam in Gravesend an Bord. Natürlich eine geplante Sache. Du denkst, ich hätte nicht gesehen, wie er dir einen Brief gegeben hat.

„ Es war kein Brief; es war eine Zeitung ?

"Ich wage zu behaupten; So krank ich auch war, ich hatte meine Augen. Es war die kleinste Zeitung, die ich je gesehen habe, das ist alles. Aber natürlich ein Brief von Miss Prettyman – Nun, Caudle, wenn Sie anfangen, so zu schreien, stehe ich auf. Vergessen Sie, dass Sie nicht zu Hause sind? macht diesen Lärm! Stört alle! Nun, wir werden den Vermieter auffordern! Und man konnte „vorwärts" rauchen und trinken, wie Sie es nannten. Was?

„ Du könntest nirgendwo anders rauchen ?"

„Das hat nichts damit zu tun. Ja; nach vorne. Wie schade, dass Miss Prettyman nicht bei Ihnen war! Ich bin sicher, nichts könnte zu aufdringlich für sie sein. Nein, ich werde nicht den Mund halten; und ich sollte mich meiner selbst nicht schämen. Es ist doch kein Verrat, von Miss Prettyman zu sprechen, oder? Nach allem, was ich heute gelitten habe, und ich darf meine Lippen nicht öffnen! Ja; Ich soll aus meinem eigenen Zuhause weggebracht, hierher ans Meer geschleppt und krank gemacht werden! und ich soll nicht sprechen. Ich würde gerne wissen, wie es weitergeht.

„Es ist eine Gnade, dass einige der lieben Kinder nicht ertrunken sind; Nicht, dass es ihrem Vater etwas ausgemacht hätte, solange er seinen Brandy und seine Zigarren hätte haben können. Peter war durch eines der Löcher so nah wie –

„ So etwas gibt es nicht ?

„Es ist sehr gut, dass du das sagst, aber du weißt, was für ein neugieriger Junge er ist und wie gerne er zwischen Dampfmaschinen umherstreift. Nein, ich werde dich nicht schlafen lassen. Was für ein Mann du bist! Was?

„ Das habe ich schon einmal gesagt ?

„Das ist egal; Ich sage es noch einmal. Schlafen Sie wirklich! als ob man nie ein kleines vernünftiges Gespräch führen könnte. Nein, ich werde morgen früh nicht zu spät zum Margate-Boot kommen ; Ich kann zu jeder beliebigen Stunde aufwachen, und das sollten Sie inzwischen wissen.

„Sie müssen mich in der Damenkabine für ein elendes Geschöpf gehalten haben, und niemand kam herunter, um zu sehen, wie es mir ging.

„ Du bist ein Dutzend Mal gekommen ?

„Nein, Caudle, das geht nicht. Ich weiß es besser. Du bist überhaupt nie gekommen. Ach nein! Zigarren und Brandy nahmen Ihre ganze Aufmerksamkeit in Anspruch. Und als ich so krank war, dass ich nichts von dem wusste, was mit mir los war, und du nie gekommen bist. Der Ehemann jeder anderen Frau war da – ha! zwanzig Mal. Und welche Gefühle muss ich gehabt haben, als ich hörte, wie sie an die Tür klopften und alle möglichen freundlichen Fragen stellten – so etwas wie Ehemänner und ich wurden krank allein gelassen? Ja; und du willst mich in einen Streit verwickeln. Sie möchten wissen: Wenn ich so krank war, dass ich nichts wusste, wie konnte ich dann wissen, dass Sie nicht zur Kabinentür gekommen sind ? Das ist genau Ihre ärgerliche Art; Aber ich lasse mich nicht auf diese Weise erwischen, Caudle. NEIN."

„ Es ist sehr gut möglich ", schreibt Caudle, *„ dass sie noch zwei Stunden weiter redete, aber glücklicherweise kam der Wind plötzlich auf – die Wellen heulten – und besänftigt durch das süße Schlaflied (ganz zu schweigen vom Brandy-und- Wasser) Ich bin irgendwie zur Ruhe gesunken .*

VORTRAG XXV –
FRAU. CAUDLE, MÜDE VON MARGATE, HAT „GROSSEN WUNSCH, FRANKREICH ZU SEHEN.“

"Segne mich! Bist du nicht müde, Caudle?

" *NEIN* ?

„Nun, gab es jemals so einen Mann? Aber nichts ermüdet dich jemals. Natürlich ist das alles gut für Sie: Ja, Sie können Ihre Zeitungen lesen und – Was?

„ *Kann ich das* ?

„Und ich frage mich, was aus den Kindern werden würde, wenn ich es täte! NEIN; Es reicht aus, wenn ihr Vater seine kostbare Zeit damit verschwendet, über Politik, Bischöfe, Herren und eine Horde Leute zu reden, denen es egal wäre, wenn wir kein Dach hätten, das uns abdeckt – das reicht schon – nein , Caudle, nein: Ich werde dir keine Sorgen machen; Ich habe dir noch nie Sorgen gemacht, und es ist unwahrscheinlich, dass ich jetzt damit anfangen sollte. Aber so ist es bei dir immer – immer. Ich bin mir sicher, dass wir das glücklichste Paar der Welt sein sollten, nur dass man so gerne alles mit sich selbst redet. Wir sind auf Vergnügen aus und wollen es uns daher bequem machen. Dennoch muss ich es sagen: Wenn man so will, bist du ein nerviger Mann, Caudle, und das weißt du.

" *Was hast du jetzt gemacht* ?

"Jetzt dort; wir werden nicht darüber reden. NEIN; lasst uns schlafen gehen: Sonst werden wir uns streiten – ich weiß, dass wir das tun werden. Was hast du wirklich getan! Dass ich mein Zuhause für ein paar Tage nicht verlassen kann, aber ich muss beleidigt sein! Jeder auf dem Pier sah es.

" *Sah was* ?

„Wie kannst du da im Bett liegen und mich fragen? Habe was gesehen, tatsächlich! Natürlich war es eine geplante Sache! - sich regelmäßig niedergelassen haben, bevor Sie London verlassen haben. Oh ja! Ich mag Ihre Unschuld, Mr. Caudle; Ich weiß nicht, wovon ich rede. Für eine Frau ist es herzzerreißend, über ihren eigenen Ehemann zu sagen. aber du warst ein böser Mann für mich. Ja, und all das Herumwälzen und Herumwälzen im Bett wird es auch nicht besser machen.

„Oh, es ist leicht genug, eine Frau ‚eine liebe Seele‘ zu nennen." Ich muss Ihnen in der Tat sehr am Herzen liegen, wenn Sie Miss Prettyman jetzt dorthin bringen; Du brauchst nicht wie ein wilder Wilder zu schreien. Wissen Sie, dass Sie nicht in Ihrem eigenen Haus sind – wissen Sie, dass wir in einer Unterkunft sind? Was glauben Sie, was die Menschen über uns denken werden? Sie müssen nicht auf diese Weise rufen, denn sie können jedes Wort hören, das gesagt wird. Was sagen Sie?

„ Warum halte ich dann nicht den Mund ?"

"Um sicher zu sein; alles für eine Ausrede bei dir. Alles, um meinen Mund aufzuhalten. Miss Prettyman folgt Ihnen hierher, und ich darf nichts sagen. Ich weiß, dass sie dir gefolgt *ist ;* Und wenn Sie vor einen Richter gehen und das Gegenteil schwören würden, würde ich Ihnen nicht glauben. Nein, Caudle; Ich würde nicht.

" Sehr gut, dann ?

"Ha! Was für ein Herz muss man haben, um „sehr gut" zu sagen; und nach der Frau war ich bei dir. Ich soll aus meinem eigenen Zuhause geholt und hierher ans Meer geschleppt werden, um vor aller Welt ausgelacht zu werden – sag es mir nicht. Glaubst du, ich habe nicht gesehen, wie sie dich angeschaut hat – wie sie ihren Penny-Mund verzogen hat – und – was?

„ Warum habe ich sie dann geküsst ?"

„Was hat das damit zu tun? Der Schein ist eine Sache, Mr. Caudle; und Gefühle sind eine andere. Als ob Frauen sich nicht küssen könnten, ohne dass es etwas bedeutet! Und du – ich konnte sehen, dass du sie ebenso kalt und formell ansahst – nun ja, Caudle! Um Himmels willen wäre ich nicht der Heuchler, der du bist!

"Jetzt dort; Ich habe die ganze Geschichte gehört. Ich vermute, dass sie heruntergekommen ist, um sich ihrem Bruder anzuschließen. Was für ein Glück, dass Sie hier sind! Ha! Ha! Was für ein Glück, dass – pfui! Pfui! Pfui! und mit dem Husten, den ich habe – oh, du hast ein Herz wie ein Feuerstein am Meer! Ja, das ist richtig. Das ist genau wie deine Menschlichkeit. Ich kann mir keine Erkältung holen, aber es muss meine eigene Schuld sein – es muss an meinen dünnen Schuhen liegen. Ich vermute, Sie würden mich gerne in Pflügerstiefeln sehen; ' Es wäre dir egal, wie sehr ich mich entstellt habe. Miss Prettymans Fuß wäre zweifellos eine andere Sache .

„Ich dachte, als du mich dazu bringen würdest, das Haus zu verlassen – ich dachte, wir kämen zum Vergnügen hierher: aber es ist immer die Art, wie du mein Leben verbitterst. Je früher ich von der Welt bin, desto besser. Was sagen Sie?

" Nichts ?

„Aber ich weiß, was du meinst, besser, als wenn du eine Stunde reden würdest. Ich hoffe nur, dass Sie eine bessere Frau bekommen, das ist alles, Mr. Caudle. Was?

„ *Du würdest es nicht versuchen ?"*

„Würdest du nicht? Ich kenne Sie. In sechs Monaten würdest du meinen Platz einnehmen; Ja, und meine lieben Kinder würden fürchterlich darunter leiden.

„Caudle, wenn du so brüllst, werden uns die Leute morgen warnen.

„ *Kann ich dann nicht ruhig sein ?"*

„Ja – das ist wie deine Kunstfertigkeit: alles, was mich dazu bringt, den Mund zu halten. Aber wir werden nicht streiten. Ich bin mir sicher, wenn es auf mich ankäme, wären wir vielleicht so glücklich wie die Tauben. Ich meine es ernst – und du brauchst nicht zu stöhnen, wenn ich es sage. Gute Nacht, Caudle. Was sagen Sie?

" *Segne mich !*

„Nun, du bist eine liebe Seele, Caudle; Und wenn das nicht wäre, Miss Prettyman – nein, ich quäle Sie nicht. Ich weiß sehr gut, was ich tue, und ich würde dich um nichts in der Welt quälen; aber du weißt nicht, was die Gefühle einer Ehefrau sind, Caudle; das tust du nicht.

„Caudle – ich sage, Caudle. Nur ein Wort, Liebes.

" *Also ?*

„Warum solltest du mich jetzt auf diese Weise angreifen?

" *Du willst schlafen gehen ?*

"Ich auch; Aber das ist kein Grund, warum Sie auf diese Weise mit mir sprechen sollten. Weißt du, mein Lieber, du hast mir einmal versprochen, mich nach Frankreich zu bringen.

„ *Du erinnerst dich nicht daran ?*

„Ja – das ist wie du; Du erinnerst dich nicht an viele Dinge, die du mir versprochen hast. aber ich tue. Es gibt ein Boot, das am Mittwoch nach Boulogne fährt und am nächsten Tag zurückkommt.

" *Was davon ?*

„Nun, für diese Zeit könnten wir die Kinder bei den Mädchen lassen und es uns gut gehen lassen.

" *Unsinn ?*

"Natürlich; Wenn ich etwas will, ist es immer Unsinn. Andere Männer können mit ihren Frauen um die halbe Welt reisen; Aber du denkst, es reicht völlig aus, um mich hierher zu bringen, an diesen Loch von einem Ort, wo ich jeden Kieselstein am Strand kenne wie ein alter Bekannter – wo es nichts zu sehen gibt als die gleichen Maschinen – den gleichen Steg – die gleichen Esel – alles gleich. Aber dann hatte ich es vergessen; Margate hat eine Attraktion für Sie – Miss Prettyman ist hier. NEIN; Ich bin nicht tadelnswert und würde einen Engel nicht verleumden; aber die Art und Weise, wie diese junge Frau rund um die Uhr durch den Sand geht – da! Dort! - Ich habe es getan: Ich kann meine Lippen nicht über diese Kreatur öffnen, aber du stürmst immer.

„Sie wissen, dass ich schon immer nach Frankreich wollte; und Sie bringen mich nur mit der Absicht hierher, die französischen Klippen zu sehen – nur um mich zu quälen , und für nichts anderes. Wenn ich zu Hause geblieben wäre – und ich bin jemals gegen meinen Willen hierhergekommen – hätte ich nie an Frankreich gedacht; aber – es den ganzen Tag vor Augen zu haben und nicht gehen zu dürfen! Es ist schlimmer als grausam, Mr. Caudle – es ist brutal. Andere Leute können ihre Frauen nach Paris mitnehmen; Aber du hältst mich zu Hause immer auf Trab. Und wozu? Warum, damit ich nichts weiß – ja; nur mit der Absicht, mich klein aussehen zu lassen, und für nichts anderes.

„ *Himmel segne die Frau* ?“

"Ha! Sie haben guten Grund, das zu sagen, Mr. Caudle; denn ich bin sicher, dass sie von dir wenig gesegnet ist. Sie wurde ihr ganzes Leben lang gefangen gehalten – ist nie irgendwohin gegangen – oh ja! Das ist deine alte Ausrede, wenn du von den Kindern sprichst. Ich möchte nach Frankreich und möchte wissen, was die Kinder damit zu tun haben? Sie sind *jetzt* keine Babys – oder? Aber du hast mir immer die Kinder ins Gesicht geworfen. Wenn Miss Prettyman – jetzt da; Hören Sie, was Sie getan haben – auf diese Weise schreien? Die anderen Mieter klopfen an der Decke: Wer wird Ihrer Meinung nach das Gesicht haben, sie morgen früh anzusehen? Ich werde nicht auf diese Weise die Ruhe der Menschen stören!

„Nun, Caudle – ich erkläre, es wird hell, und was für ein eigensinniger Mann du bist! - Sag mir, soll ich nach Frankreich gehen?“

„ *Ich vergesse* “, sagt Caudle, „ *meine genaue Antwort; aber ich glaube, ich habe ihr eine weitreichende Erlaubnis erteilt, irgendwohin zu gehen, woraufhin sie, wenn auch nicht ohne Vorbehalte gegen den Ort, schlafen ging* .“

VORTRAG XXVI –
FRAU. CAUDLES ERSTE NACHT IN
FRANKREICH – „BESCHÄMENDE
GLEICHIGKEIT" VON CAUDLE IM BOULOGNE
CUSTOM HOUSE

„Ich nehme an, Mr. Caudle, Sie nennen sich einen Mann? Ich bin sicher, dass solche Männer niemals Frauen haben sollten. Wenn ich es für möglich gehalten hätte, hätten Sie sich so verhalten, wie Sie es getan haben – und das hätte ich auch getan, wenn ich nicht ein nachsichtiges Wesen gewesen wäre, denn Sie waren noch nie wie alle anderen –, wenn ich es nur gedacht hätte, Sie Hätte mich nie in fremde Gegenden geschleppt. Niemals! Nun ja, ich *habe* mir gesagt, wenn er nach Frankreich geht, fängt er vielleicht ein wenig Höflichkeit an – aber nein; Du hast als Caudle begonnen und als Caudle wirst du enden. Ich werde jetzt im Leben vernachlässigt. Oh ja! Ich habe alle Gedanken an alles andere als Elend aufgegeben – ich habe mich jetzt für das Elend entschieden.

„ Bist du froh darüber ?

„Nun, Sie müssen ein Herz haben, das zu sagen. Ich erkläre dir, Caudle, so wahr ich auch eine misshandelte Frau bin, wenn es nicht die lieben Kinder weit weg im gesegneten England gäbe – wenn sie nicht wären, würde ich nie mit dir zurückkehren . Nein: Ich würde dich an diesem Ort zurücklassen. Ja; Ich würde in ein Kloster gehen; denn eine Dame an Bord sagte mir, dass es hier viele davon gäbe . Ich würde für den Rest meiner Tage Nonne sein und – ich sehe nichts, worüber ich lachen könnte, Mr. Caudle; dass man die Bettsachen auf diese Weise auf und ab schütteln sollte. Aber man lacht immer über die Gefühle anderer; Ich wünschte, du hättest nur welche selbst. Ich wäre Nonne oder Schwester der Barmherzigkeit.

" Unmöglich ?

"Ha! Mr. Caudle, Sie wissen noch nicht, was ich sein kann, wenn mein Blut im Blut ist. Du bist lange genug auf den Wurm getreten; Eines Tages wirst du es nicht bereuen!

„Nun, nichts von eurem profanen Geschrei ! Sie müssen nicht auf diese Weise über den Himmel sprechen. Ich bin sicher, Sie sind der Letzte, der das tun sollte. Was ich sage, ist Folgendes. Ihr Verhalten im Zollhaus war beschämend – grausam! Und auch in einem fremden Land! Aber du hast mich hierher gebracht, damit ich beleidigt werde; Sie hätten keinen anderen Grund, mich aus England zu schleppen. Ha! Lassen Sie mich einmal nach

Hause kommen, Mr. Caudle, und Sie können Ihre Zunge zermürben, bevor Sie mich wieder an fremde Orte bringen.

" *Was haben Sie getan ?*

"Jetzt dort; Da gehst du so auf die Nerven. Du benimmst dich mir gegenüber schlimmer als jeder Türke, - was?

„ *Du wünschst, du wärst ein Türke ?*

„Nun, ich denke, das ist ein hübscher Wunsch vor deiner rechtmäßigen Frau! Ja – ein netter Türke würdest du abgeben, nicht wahr? Glaube es nicht.

" *Was haben Sie getan ?*

„Nun, es ist gut, dass ich dich nicht sehen kann, denn ich bin mir sicher, dass du rot werden musst. Fertig!

„Warum, als die Bestien meinen Korb im Zollhaus durchsucht haben!

„ *Eine normale Sache, oder ?“*

„Wenn du das dann wusstest, warum hast du mich dann hierher gebracht? Kein Mann, der seine Frau respektierte, würde das tun. Und Sie könnten daneben stehen und zusehen, wie dieser Kerl mit dem Schnurrbart meinen Korb durchwühlt; Und ich ziehe meine Nachtmütze heraus und zerwühle die Ränder, und – na ja! Wenn du die richtigen Gefühle eines Ehemannes gehabt hättest, wäre dein Blut wieder in Wallung geraten. Aber nein! Da standest du da und blicktest den Mann butterweich an und sagtest kein Wort; nicht, als er meine Nachtmütze zerknüllte – sie traf mein Herz wie ein Stich – zerknüllte sie, als wäre sie ein Staubtuch. Ich wage zu behaupten, wenn es Miss Prettymans Nachtmütze gewesen wäre – oh, Ihr Stöhnen ist mir egal – , wenn es ihre Nachtmütze gewesen wäre, ihre Haarbürste, ihre Lockenpapiere, dann hätten Sie etwas gesagt. Oh, jeder mit dem Geist eines Mannes hätte seine Stimme erhoben, wenn er tausend Schwerter an seiner Seite gehabt hätte. Nun, ich weiß nur Folgendes: Wenn ich jemanden geheiratet hätte, den ich nennen könnte, hätte er es nicht zugelassen, dass ich so behandelt würde, nicht er!

„Nun, hoffen Sie nicht, dass Sie schlafen gehen, Mr. Caudle, und denken Sie nicht daran, mich auf diese Weise zum Schweigen zu bringen. Ich kenne deine Kunst, aber das reicht nicht. Es war nicht genug, dass mein Korb auf den Kopf gestellt wurde, aber bevor ich mich versah, wurde ich in ein anderes Zimmer geschleudert und –

„ *Wie könnten Sie da helfen ?“*

„Du hast nie versucht, ihm zu helfen. NEIN; Obwohl es ein fremdes Land war und ich kein Französisch spreche – nicht, aber ich weiß viel mehr davon als manche Leute, die sich darüber aufspielen –, obwohl ich ihr hässliches Kauderwelsch nicht spreche, lassen Sie es sie trotzdem nimm mich mit, und es war mir egal, wie ich dich jemals wiederfinden sollte. Auch in einem fremden Land! Aber ich zweifle nicht daran, dass Sie das so gewollt haben: Ja, Sie wären froh gewesen, mich auf diese feige Art und Weise losgeworden zu sein. Wenn ich nur deine geheimen Gedanken kennen könnte, Caudle, dafür hast du mich hierher gebracht, um mich zu verlieren. Und nach der Frau war ich bei dir!

„Was schreist du?

„ *Um Himmels Willen* ?

"Ja; Du weißt sehr viel über Barmherzigkeit! Sonst hättest du es nie zugelassen, dass ich in dieses Zimmer gebracht würde. Wirklich zu durchsuchen! Als ob ich irgendetwas über mich geschmuggelt hätte. Nun, ich sage es so: Wenn man die richtigen Gefühle eines Mannes hätte, würde man nach der Art und Weise, wie ich behandelt wurde, sechs Monate lang nicht mehr schlafen. Nun, ich weiß, dass dort niemand außer Frauen war; aber das hat nichts damit zu tun. Ich bin mir sicher, wenn ich wegen Taschendiebstahls angeklagt worden wäre, hätten sie mich nicht schlimmer ausnutzen können. So behandelt zu werden – und zwar besonders vom eigenen Geschlecht! - Das ist *es* , was mich ärgert.

„Und das ist alles, was du sagen kannst?

" *Was könntest du tun* ?

„Warum, brechen Sie die Tür auf; Ich bin mir sicher, dass du meine Stimme gehört hast: Du sollst mich niemals glauben machen, dass du das nicht hören konntest. Wann ich die Schnüre wieder annähen werde, kann ich nicht sagen. Wenn sie mich nicht wie ein Schiff im Sturm umbringen würden, wäre ich ein Sünder! Und du hast gelacht!

„ *Du hast nicht gelacht* ?

„Sag es mir nicht; du lachst, wenn du nichts darüber weißt; aber ich tue.

„Und ein hübscher Ort, an den du mich gebracht hast! Ein höchst respektabler Ort, muss ich sagen! Wo die Frauen ohne Mütze auf dem Kopf herumlaufen und die Fischmädchen mit nackten Beinen – nun ja, man erwischt mich nicht beim Fischessen, solange ich hier bin.

" *Warum nicht* ?

„Warum nicht? Glaubst du, ich würde solche Leute ermutigen?

"Was sagen Sie?

" *Gute Nacht* ?

„Es hat keinen Sinn, dass du das sagst – ich kann nicht so schnell schlafen wie du. Vor allem bei einer Tür, die so ein Schloss hat. Woher wissen wir, wer reinkommen darf? Was?

„ *In Frankreich sind alle Schlösser kaputt?* “

„Umso mehr Schande für dich, mich an einen solchen Ort zu bringen. Es zeigt nur, wie sehr du mich schätzt.

„Nun, ich wage zu behaupten, dass du müde bist. Ich bin! Aber dann sehen Sie, was ich durchgemacht habe. Nun, in einem barbarischen Land werden wir uns nicht streiten. Das werden wir nicht tun. Caudle, Liebes, was heißt auf Französisch Spitze? Ich weiß es, nur ich vergesse es. Das französische Wort für Spitze, Liebes? Was?

„ *Dentelle?*

„Du täuschst mich also nicht?

„ *Du hast mich noch nie betrogen?*

"Oh! Sag das nicht. Es gibt keinen verheirateten Mann auf dieser gesegneten Welt, der im Bett seine Hand aufs Herz legen und das sagen könnte. Französisch für Spitze, Liebes? Sage es noch einmal.

„ *Dentelle?*

"Ha! Dentelle! Gute Nacht Schatz. Dentelle! Dentelle . “

„ *Ich habe später* “, schreibt Caudle, „ *auf meine Kosten herausgefunden, weshalb sie sich nach Spitze erkundigte.* “ Denn sie ging am Morgen mit der Wirtin aus, um einen Schleier zu kaufen, und gab nur vier Pfund für das, was sie in England für vierzig Schilling hätte kaufen können!“

VORTRAG XXVII –
FRAU. CAUDLE kehrt in ihr Heimatland zurück. „Unmännliche Grausamkeit" von Caudle, die sich geweigert hat, „ein paar Dinge für sie zu schmuggeln".

„Es kommt nicht oft vor, dass ich Sie bitte, etwas für mich zu tun, Herr Caudle, Gott weiß! Und wenn ich das tue, werde ich natürlich immer abgewiesen. Oh ja! irgendjemand außer deiner eigenen rechtmäßigen Frau. Jeder andere Ehemann an Bord des Bootes konnte sich wie ein Ehemann verhalten – aber ich war mir selbst überlassen. Das ist freilich nichts Neues; Ich bin immer. Jeder andere Mann, der es verdient, ein Mann genannt zu werden, könnte ein paar Dinge für seine Frau schmuggeln – aber ich könnte genauso gut allein auf der Welt sein. Nicht ein armes halbes Dutzend Seidenstrümpfe könntest du für mich in deinen Hut stecken; und alle anderen waren in Spitze gehüllt, und ich weiß nicht, was. Äh? Was, Herr Caudle?

„ Was will ich mit Seidenstrümpfen ?"

„Nun – jetzt ist etwas passiert! Ich glaube, es gab eine Zeit, da hatte ich einen Fuß – ja, und auch einen Knöchel; aber wenn eine Frau einmal verheiratet ist, hat sie nichts dergleichen; Natürlich. Nein: Ich bin *kein* Cherub, Mr. Caudle; Sag das nicht. Ich weiß sehr gut, was ich bin.

„Ich wage zu behaupten, dass Sie gerne für Miss Prettyman geschmuggelt hätten? Seidenstrümpfe stehen ihr!

„ Sie wünschten, Miss Prettyman wäre im Mond ?

„Nicht Sie, Mr. Caudle; Das ist nur deine Kunst – deine Heuchelei. Sie wäre auch ein netter Mensch für den Mond: Ich weiß, dass er nicht heller wäre, wenn sie darin wäre. Und wie haben Sie sich verhalten, als Sie sahen, wie die Zollbeamten mich ansahen, als würden sie mich durchbohren? Beschämend. Du hast herumgezwitschert und herumgezappelt und bist rot geworden, als ob ich wirklich ein Schmuggler *wäre* .

„ Also war ich ? "

„Was hatte das damit zu tun? Ich denke, es war nicht die Aufgabe eines Mannes, so herumzuzappeln und es zu zeigen.

„ Du konntest nichts dagegen tun ?

„Hmpf! Und Sie bezeichnen sich selbst als einen Menschen mit starkem Geist, glaube ich? Einer der Herren der Schöpfung! Ha! Ha! konnte nicht anders!

„Aber ich kann alles tun, um das Geld zu sparen, und das ist immer meine Belohnung. Ja, Herr Caudle; Ich werde viel sparen.

" *Wie viel?*

„Ich sage es dir nicht : Ich kenne deine Gemeinheit – du würdest es am liebsten aus dem Hausgeld herausholen. Nein, es ist dir egal, woher ich das Geld habe, um so viele Dinge zu kaufen. Das Geld gehörte mir. Nun ja, und wenn es zuerst deins war, hat das nichts damit zu tun. NEIN; Ich habe es nicht aus den Puddings gespart. Aber es ist immer die Frau, die rettet, die verachtet wird. Nur an Ihre vornehmen Ehefrauen wird gebührend gedacht. Wenn ich dich ruinieren würde, Caudle, dann würdest du etwas von mir denken.

„Ich werde nicht schlafen gehen. Es ist sehr gut für dich, der du kaum im Bett bist, schon bist du schnell wie eine Kirche; aber so kann ich nicht schlafen. Es ist mein Verstand, der mich wach hält. Und schließlich fühle ich mich heute Abend so glücklich, dass es mir sehr schwerfällt, meine Gedanken nicht zu genießen.

„ *Nein: Ich kann nicht schweigend denken !*"

„Das macht auf jeden Fall viel Spaß! Ich habe keinen Zweifel, dass Sie Miss Prettyman jetzt zuhören könnten – oh, das ist mir egal, ich werde sprechen. Ich finde, es war etwas mehr als seltsam, dass sie auf dem Steg war, als das Boot ankam. Ha! Sie hat den ganzen Morgen mit einem Teleskop nach dir gesucht, daran habe ich keinen Zweifel – sie ist mutig genug für alles. Und dann, wie sie höhnisch lachte und kicherte, als sie mich sah, und sagte: „Wie fett ich geworden bin", wie ihre Unverschämtheit, denke ich. Was?

„ *Na ja, vielleicht?*

„Aber ich weiß, was sie wollte; ja – sie hätte mich gern durchsuchen lassen. Sie lachte absichtlich.

„Ich wünschte nur, ich hätte zwei der lieben Mädchen mitgenommen. Was hätte ich an ihnen nähen können ! Nein – ich schäme mich nicht, meine unschuldigen Kinder zu Schmugglern zu machen: Je unschuldiger sie aussahen, desto besser; Aber da sind Sie schon wieder bei dem, was Sie Ihre Prinzipien nennen; als ob es nicht jedem von Natur aus gegeben wäre, zu schmuggeln. Ich bin mir sicher – es ist mit uns geboren. Und gut, ich habe sie heute betrogen . Spitze, Samt, Seidenstrümpfe und andere Dinge – ganz zu schweigen von den Bechern und Dekantern. Nein: Ich sah nicht so aus, als wollte ich eine Richtung, aus Angst, jemand könnte mich kaputt machen.

Das ist ein weiterer Grund, warum Sie Ihre Witze nennen; aber du solltest sie
für diejenigen behalten, die sie mögen . Ich tu nicht.

„ *Was habe ich denn gemacht* ?

„Ich habe es dir gesagt – du wirst es nie erfahren. Ja, ich weiß, dass Ihnen
eine Geldstrafe von hundert Pfund auferlegt worden wäre, wenn sie mich
durchsucht hätten; aber ich habe nie gemeint, dass sie es tun sollten. Ich
vermute mal, dass du nicht schmuggeln würdest – oh nein! Du denkst, es
lohnt sich nicht. Du bist ein echter Zauberer, Caudle. Ha! Ha! Ha!

„ *Worüber lache ich* ?“

„Oh, du weißt nicht, was für ein schlaues Geschöpf! Ha! Ha! Nun, jetzt werde
ich es dir sagen. Ich wusste, was für ein unnachgiebiges Tier du bist, also habe
ich dich zum Schmuggeln gezwungen, egal ob oder nicht.

" *Wie* ?

„Als du im *Café warst* , habe ich deinen tollen Rauhmantel bekommen, und
wenn ich nicht zehn Meter besten schwarzen Samt unter das Futter genäht
hätte , wäre ich eine sündige Frau! Und um zu sehen, wie unschuldig du
aussahst, als die Beamten um dich herumgingen! Es war ein glücklicher
Moment, Caudle, dich zu sehen.

"Wie nennt man es?

„ *Ein schändlicher Trick – einer Frau unwürdig* ?“ *Du könntest mir nicht viel bedeuten*
?

„Als ob ich das nicht bewiesen hätte, indem ich dir zehn Meter Samt
anvertraut hätte. Aber es ist mir egal, was Sie sagen: Ich habe alles gespeichert
– bis auf den schönen englischen Roman, dessen Namen ich vergessen habe.
Und wenn sie es mir nicht aus der Hand nehmen und in kleine Stücke
schneiden würden wie Hundefleisch.

„ *Hat mir gedient, oder* ? “

„Und wenn ich so selten ein Buch kaufe! Nein: Ich verstehe nicht, wie es mir
gedient hat. Wenn man in Frankreich das gleiche Buch für vier Schilling
kaufen kann, für das die Leute hier dreist mehr als eine Guinee verlangen –
nun, wenn sie es *stehlen* , ist das ihre Sache, nicht unsere. Als gäbe es etwas in
einem Buch, das man stehlen könnte!

„Und jetzt, Caudle, wann gehst du nach Hause? Was?

„ *Unsere Zeit ist noch nicht abgelaufen* ?

„Das hat damit nichts zu tun. Wenn wir auch nur eine Woche Unterkunft
verlieren – und das dürfen wir nicht tun –, werden wir sie durch Wohnen

wieder sparen. Aber du bist so ein Mann! Dein Zuhause ist der letzte Ort für dich. Ich bin mir sicher, dass ich keine Nacht lang darüber nachdenke, was passieren könnte. Drei Brände letzte Woche; und jeder hätte genauso gut bei uns zu Hause sein können, als nicht.

„ Nein – vielleicht nicht ?

„Nun, du weißt, was ich meine – aber du bist so ein Mann!

„Ich bin mir auch sicher, dass wir genug von diesem Ort haben. Aber es gibt keinen Grund, dich von den Bibliotheken fernzuhalten, Caudle. Du wirst ein ziemlicher Spieler. Und ich glaube nicht, dass es ein schönes Beispiel ist, wenn man seine Kinder dazu zwingt, französische Uhren zu verlosen, und ich weiß nicht, was. Aber das ist nicht das Schlimmste; Du gewinnst nie etwas. Oh, ich habe es vergessen. Ja; ein Nadeletui, das Sie Miss Prettyman vor meiner Nase gegeben haben. Eine schöne Sache für einen verheirateten Mann, um Geschenke zu machen: und für so ein Geschöpf auch! Ein Nadeletui! Ich frage mich, wann immer sie eine Nadel in *der* Hand hat!

„Ich weiß, dass mir Angst drohen wird, wenn ich hier aufhöre. Niemand war im Haus außer dieser Frau Closepeg . Und sie ist so eine dumme Frau. Erst letzte Nacht habe ich geträumt, dass ich sah, dass unsere Katze nur noch ein Skelett war und der Kanarienvogel steif auf dem Rücken am Boden des Käfigs lag. Weißt du, Caudle, ich bin nie glücklich, wenn ich nicht zu Hause bin; und doch wirst du hier bleiben. Nein, Zuhause ist mein Trost! Ich möchte nie über die Schwelle rühren, und das weißt du. Wenn Diebe einbrechen würden, was könnte diese Frau Closepeg gegen sie tun ? Und also, Caudle, gehst du am Samstag nach Hause? Unser liebes – liebes Zuhause! Am Samstag, Caudle?“

„ Was ich geantwortet habe “, sagt Caudle, *„ vergesse ich; aber ich weiß, dass wir am Samstag erneut an Bord des „ Roten Rovers* “ verschifft wurden.“

VORTRAG XXVIII –
FRAU. CAUDLE IST NACH HAUSE
ZURÜCKKEHRT. DAS HAUS (NATÜRLICH)
„NICHT ZUM SEHEN PASSEND." HERR.
CAUDLE NIMMT ZUR SELBSTVERTEIDIGUNG
EIN BUCH

„Schließlich, Caudle, ist es etwas, wieder in sein eigenes Bett zu kommen. Ich *werde* heute Nacht schlafen. Was!

„ Bist du froh darüber?

„Das ist wie dein Spott; Ich weiß, was du meinst. Natürlich; Ich kann mir nie vorstellen, es mir bequem zu machen, aber du hast meine Gefühle verletzt. Wenn Sie sich wie jeder andere Mann um Ihr eigenes Bett gekümmert hätten, wären Sie nicht bis zu dieser Stunde draußen geblieben. Sagen Sie nicht, dass ich Sie sofort aus dem Haus gefahren habe, als wir hineinkamen. Ich habe gerade erst über den Dreck und den Staub gesprochen, aber Tatsache ist, dass man in einem Schweinestall glücklich wäre ! Ich dachte, ich hätte dieser Frau Closepeg unermessliches Gold anvertrauen können ; Und hast du nur den Kaminvorleger gesehen? Als wir das Haus verließen, war ein Tiger darin: Ich würde gerne wissen, wer den Tiger jetzt erkennen konnte? Oh, es ist sehr gut für dich, den Tiger zu beschimpfen, aber Fluchen wird den Teppich nicht wieder zum Leben erwecken. Sonst könntest du fluchen.

„Du könntest rausgehen und es dir in deinem Club gemütlich machen. Sie wissen kaum, wie viele Fenster zerbrochen sind. Wie viele meinst du? Nein: Ich werde es dir morgen nicht sagen – du wirst es jetzt wissen. Ich bin sicher! Apropos Gesundheit bei Margate; Meine ganze Gesundheit verschwand, sobald ich in die Küche ging. Die Porzellanschüssel der lieben Mutter ist an zwei Stellen gesprungen. Ich hätte mich hinsetzen und weinen können, als ich sie sah: eine Schüssel, an die ich mich als Kind erinnern kann. Äh?

„ Dann hätte ich es abschließen sollen ?"

„Ja, das ist dein Gefühl für alles von mir. Ich wünschte nur, es wäre deine Bowle gewesen; aber Gott sei Dank! Ich glaube, das ist angeschlagen.

„Nun, Sie haben nicht zu den Fenstern geantwortet – Sie können nicht erraten, wie viele?

„ Ist es dir egal?

„Nun, wenn sich niemand außer dir erkälten würde, wäre das wenig schlimm. Sechs Fenster sind kaputt und drei sind gesprungen!

„ Du kannst nicht anders ?“

„Ich würde gerne wissen, woher das Geld kommen soll, um sie zu reparieren ! Sie dürfen nicht repariert werden, das ist alles. Dann werden Sie sehen, wie ansehnlich das Haus aussehen wird. Aber ich weiß sehr gut, was Sie denken. Ja; Du bist froh darüber. Du denkst, dass ich dadurch zu Hause bleibe – aber ich werde mich nie wieder aufregen. Dann können Sie alleine ans Meer gehen; Dann können Sie vielleicht mit Miss Prettyman glücklich sein? - Nun, Caudle, wenn du so mit der Faust auf das Kissen schlägst, stehe ich auf. Es ist sehr seltsam, dass ich den Namen dieser Person nicht nennen kann, aber Sie beginnen, gegen das Polster zu kämpfen, und ich weiß nicht, was. Da muss etwas drin sein, sonst würdest du nicht so herumstrampeln. Ein schlechtes Gewissen braucht es nicht – aber Sie wissen, was ich meine.

„Sie kam eine Woche lang nicht in die Stadt; und dann hatte sie plötzlich einen Brief bekommen. Ich wage zu behaupten, dass sie es getan hat. Und dann, wie sie sagte, wäre es eine Gesellschaft für sie, mit uns zu kommen. Kein Zweifel. Sie dachte, ich würde wieder krank sein und unten in der Hütte, aber trotz all ihrer Kunst kennt sie die Tiefe von mir nicht – ganz . Nicht, aber was ich krank war; obwohl du es wie ein Tier nicht sehen würdest.

"Was sagen Sie?

" Gute Nacht Liebe ?

„Ja, ich wage zu behaupten, dass du – wie alle deines Geschlechts – sehr zärtlich sein kannst, um deinen eigenen Zielen gerecht zu werden; Aber ich kann nicht schlafen gehen, wenn ich den Kopf voll vom Haus habe. Der Kotflügel in der Stube wird nie wieder zu sich kommen. Ich habe die Messer noch nicht gezählt, aber ich bin zu dem Schluss gekommen, dass die Hälfte davon verloren ist. Nein: Ich denke nicht immer das Schlimmste; nein, und ich mache mich nicht vorzeitig unglücklich; Aber das ist natürlich mein Dank dafür, dass Sie sich um Ihr Eigentum kümmern. Wenn in den Vorhängen keine muskatnussgroßen Spinnen wären, wäre ich ein böses Geschöpf. Kein Besen hat den ganzen Ort gesehen, seit ich weg bin. Aber sobald ich aufstehe, werde ich nicht das Haus durchwühlen, das ist alles! Ich brachte es nicht übers Herz, mir meine Gurken anzusehen; Aber trotz allem, dass ich die Tür verschlossen gelassen habe, bin ich mir sicher, dass die Gläser bewegt wurden. Ja; man kann im Bett auf Gurken schimpfen; Aber niemand macht mehr Lärm um sie , wenn man sie will .

„Ich hoffe nur, dass sie im Weinkeller waren. Dann wissen Sie vielleicht, was ich empfinde. Auch diese arme Katze – Was?

„ Du hasst Katzen ?

„Ja, armes Ding! weil sie meine Favoritin ist – das ist es. Wenn diese Katze nur sprechen könnte – Was?

„ Es ist nicht notwendig ?“

„Ich weiß nicht, was Sie meinen, Mr. Caudle: Aber wenn diese Katze nur sprechen könnte, würde sie mir erzählen, wie sie betrogen wurde. Armes Ding! Ich weiß, wohin das Geld gegangen ist, das ich für ihre Milch hinterlassen habe – ich weiß. Warum, was haben Sie da, Mr. Caudle? Ein Buch? Was!

„ Wenn du nicht schlafen darfst, liest du ?“

„So, jetzt ist es soweit! Wenn es keine Beleidigung einer Frau ist, ein Buch mit ins Bett zu bringen, weiß ich nicht, was Ehe ist. Aber du sollst nicht lesen, Caudle; Nein, das sollst du nicht tun ; nicht, solange ich noch die Kraft habe, aufzustehen und eine Kerze auszulöschen.

„Und das ist wie deine Gefühle! Man kann sich eine ganze Menge an Trump-Büchern vorstellen; Ja, man darf nicht zu viel von dem Zeug halten, das gedruckt wird; Aber für das, was wirklich und wahr an dir ist, hast du das Herz eines Steins. Ich würde gerne wissen, worum es in diesem Buch geht. Was!

„ Miltons , Paradise Lost ‘?

„Ich dachte mir so einen Blödsinn – etwas, das mich beleidigen könnte. Ein schönes Buch, denke ich, zum Lesen im Bett; und er war ein sehr respektabler Mensch, der es geschrieben hat.

„ Was weiß ich von ihm ?

„Viel mehr als Sie denken. Ein wirklich sehr hübscher Kerl mit seinen sechs Frauen. Was?

„ Er hatte nicht sechs – er hatte nur drei ?“

„Das hat nichts damit zu tun; aber natürlich wirst du seinen Teil übernehmen. Arme Frauen! Es war eine schöne Zeit, die sie mit ihm verbracht haben, kann ich sagen! Und ich habe keinen Zweifel daran, Herr Caudle, dass Sie Herrn Miltons Beispiel folgen möchten. sonst würdest du nicht lesen, was er geschrieben hat. Aber Sie benutzen mich nicht so, wie er die armen Seelen behandelt hat, die ihn geheiratet haben. In der Tat Dichter! Ich würde jedem von ihnen ein Gesetz verbieten, eine Frau zu haben, außer auf dem Papier; um Himmels willen, hilf den lieben Geschöpfen, die an sie gebunden sind! Wie unschuldige Motten, die von einer Kerze angelockt werden! Apropos Kerzen: Sie wissen nicht, dass die Lampe im Gang in Stücke zersplittert ist!

Ich sage, Sie tun es nicht – verstehen Sie, Mr. Caudle? Willst du nicht antworten? Weißt du wo du bist? Was?

„ Im Garten Eden ?

"Bist du? Dann haben Sie dort um diese Nachtzeit nichts zu suchen.“

„ Und als sie das sagte ", schreibt Caudle, *„ sprang sie aus dem Bett und schob die Nacht hinaus .“*

VORTRAG XXIX –
FRAU. CAUDLE DENKT: „Die Zeit ist gekommen, ein Ferienhaus außerhalb der Stadt zu errichten"

„Oh, Caudle, du hättest heute Abend etwas Schönes haben sollen; Denn es geht dir nicht gut, Liebes – ich weiß, dass es dir nicht gut geht. Ha! Das ist wie bei euch Männern – so eigensinnig! Sie werden dafür sorgen, dass Ihnen nichts fehlt; aber ich weiß es, Caudle. Das Auge einer Ehefrau – und einer solchen Ehefrau wie ich bei Ihnen – kann sofort erkennen, ob es ihrem Ehemann gut geht oder nicht. Du bist die ganze Woche über wie Talg geworden; und außerdem isst du jetzt nichts mehr. Es macht mich melancholisch, dich in einem Lokal zu sehen. Ich sage beim Abendessen vor den Kindern nichts; aber ich fühle nicht weniger. Nein, nein; es geht dir nicht sehr gut; und du bist nicht so stark wie ein Pferd. Machen Sie sich nichts vor – nichts dergleichen. Nein, und man isst nicht mehr so viel wie sonst, und wenn, dann isst man nicht mehr mit Genuss, da bin ich mir sicher. Da kannst du mich nicht täuschen.

„Aber ich weiß, was dich umbringt. Es ist die Gefangenschaft; es ist die schlechte Luft, die du atmest; Es ist der Rauch von London. Ach ja, ich kenne deine alte Ausrede: Du hast die Luft noch nie als schlecht empfunden. Vielleicht nicht. Aber wenn die Leute älter werden und im Handel vorankommen – und schließlich haben wir nichts zu beanstanden, Caudle – ist die Londoner Luft immer anderer Meinung als sie . Empfindliche Gesundheit bringt Geld mit sich: Da bin ich mir sicher. Was für eine Farbe hattest du einmal, als du kaum einen Sixpence hattest; Und jetzt schau dich an!

„' Zweimal würden Sie Ihr Leben um dreißig Jahre verlängern – und denken Sie darüber nach, was für ein Segen das für mich wäre; nicht, dass ich ein Zehntel der Zeit leben werde – dreißig Jahre, wenn Sie irgendwo in Brixton ein schönes kleines Haus nehmen würden.

„ *Du hasst Brixton* ?

„Ich muss es sagen, Caudle, das ist so wie du: An jedem Ort, der wirklich vornehm ist, kannst du dich nicht aushalten. Jetzt finde ich Brixton und Baalam Hill herrlich. Also wählen Sie! Dort besucht niemand niemanden, es sei denn, er ist jemand. Ganz zu schweigen von den entzückenden Kirchenbänken, die die Kirchen so respektabel machen!

„Aber machen Sie, was Sie wollen. Wenn Sie nicht nach Brixton gehen, was sagen Sie dann zu Clapham Common? Oh, das ist eine sehr schöne

Geschichte! Sag es mir nie! NEIN; Sie würden nicht allein gelassen werden, ein Robinson Crusoe mit Frau und Kindern, weil Sie im Einzelhandel leben. Was?

„ Die pensionierten Großhändler besuchen nie die pensionierten Einzelhandelsgeschäfte in Clapham ?"

"Ha! Das ist nur Ihr altes Spott über die Welt, Mr. Caudle; aber ich glaube es nicht. Und schließlich soll der Mensch seinen Stand wahren, oder wofür ist dieses Leben gemacht? Angenommen, ein Talghändler steht über einem Talghändler, dann nenne ich das nur einen richtigen Stolz. Was?

„ Sie nennen es die Aristokratie des Fettes ?"

„Ich weiß nicht, was Sie mit ‚Aristokratie' meinen; Aber ich nehme an, es ist nur ein weiteres Wort aus Ihrem Wörterbuch, es lohnt sich kaum, es herauszufinden.

„Was sagen Sie zu Hornsey oder Muswell Hill? Äh?

" Zu hoch ?

„Was für ein Mann du bist! Na dann - Battersea?

" Zu niedrig ?

„Du bist eine nervige Kreatur, Caudle, das musst du zugeben! Hampstead also?

" Zu kalt ?

"Unsinn; es würde dich wie eine Trommel stärken, - Caudle; und das ist es, was du willst. Aber Sie haben es auch nicht verdient, dass jemand an Ihre Gesundheit oder Ihr Wohlbefinden denkt. Mir wurde gesagt, dass es in Fulham einige hübsche Orte gibt . Nun, Caudle, ich möchte nicht, dass du ein Wort gegen Fulham sagst. Das muss ein schöner Ort sein: trocken und gesund und mit allem Komfort des Lebens ausgestattet – wäre es sonst wahrscheinlich, dass dort ein Bischof leben würde? Nun, Caudle, keines deiner heidnischen Prinzipien – ich werde sie nicht hören . Ich denke, was einen Bischof zufriedenstellt, sollte auch Sie zufriedenstellen; Aber die Politik, die man in diesem Club lernt, ist schrecklich. Dich von Bischöfen reden zu hören – nun, ich hoffe nur, dass dir nichts passiert, um der lieben Kinder willen!

„Ein schönes kleines Haus und ein Garten! Ich weiß es – ich wurde für einen Garten geboren! Irgendetwas daran gibt einem ein Gefühl der Unschuld. Irgendwie öffnet und schließt sich mein Herz immer bei Rosen. Und was könnten wir dann für einen schönen Johannisbeerwein machen! Und noch einmal: Machen Sie sie so frisch, wie Sie wollen, es gibt keine Radieschen wie Ihre eigenen Radieschen! Sie sind zehnmal so süß! Was?

„ Und zwanzigmal so teuer?

"Ja; Los geht's! Alles, was ich mag, bringt immer die Kosten mit sich.

„Nein, Mr. Caudle, ich sollte es nicht in einem Monat satt haben. Ich sage Ihnen, ich bin für dieses Land geschaffen. Aber hier hast du mich festgehalten – und dir war meine Gesundheit sehr am Herzen gelegen – hier hast du mich in diesem schmutzigen London festgehalten, von dem ich kaum weiß, woraus Gras besteht. Dir liegt es sehr am Herzen, dass deine Frau und deine Familie hier bleiben und wie Speck geräuchert werden. Ich kann es sehen – es stoppt das Wachstum der Kinder; Sie werden Zwerge sein und es ihrem Vater zu verdanken haben. Wenn du das Herz eines Elternteils hättest, könntest du es nicht ertragen, in ihre weißen Gesichter zu schauen. Lieber kleiner Dick! er macht kein Frühstück. Was!

„ Er hat heute Morgen sechs Scheiben gegessen?

„Du musst ein hübscher Vater sein, um sie zu zählen . “ Aber das ist nichts im Vergleich zu dem, was das liebe Kind tun könnte, wenn es wie andere Kinder eine faire Chance hätte.

"Ha! und wenn wir uns so wohl fühlen könnten! Aber es ist immer so, du wirst dich bei mir nie wohlfühlen. Wie nett und frisch Sie jeden Morgen zur Arbeit kamen; und was für eine Freude wäre es für mich, eine Tulpe oder eine Rosa in Ihr Knopfloch zu stecken, nur um Sie, wie ich sagen darf, aus dem Land zu entlassen.

„Aber andererseits, Caudle, warst du nie wie jeder andere Mann! Aber ich weiß, warum du London nicht verlassen wirst. Ja, ich weiß. Dann denkst du, du könntest nicht in deinen dreckigen Club gehen – das war's. Dann müssten Sie wie jeder andere anständige Mann zu Hause sein. Während Sie sich, wenn Sie möchten, unter Ihrem eigenen Apfelbaum vergnügen könnten, und ich bin mir sicher, dass ich im Freien niemals etwas über Ihren Tabak sagen sollte. Mein einziger Wunsch ist, dich glücklich zu machen, Caudle, und du lässt mich das nicht tun.

„Du sprichst nicht, Liebes? Soll ich mir morgen ein Haus ansehen? Es wird ein langweiliger Tag für mich sein, denn ich gehe hinaus, um kleinen Haustieren die Ohren zu langweilen – Was?

„ Du willst nicht, dass ihre Ohren gelangweilt werden?“

„Und warum nicht, würde ich gerne wissen?

„ Es ist ein barbarischer, wilder Brauch?

„Oh, Herr Caudle! Je früher du die Welt verlässt und in einer Höhle lebst, desto besser. Du wirst für die christliche Gesellschaft nicht mehr geeignet. Was als nächstes? Meine Ohren waren gelangweilt und – Was?

„Ich weiß, was du meinst – aber das hat nichts damit zu tun. Meine Ohren, sage ich, waren gelangweilt, und die der lieben Mutter und vor ihr auch die der Großmutter ; Und ich nehme an, dass es in unserer Familie nicht mehr Wilde gab als in Ihrer, Mr. Caudle? Außerdem – warum sollten die Ohren des kleinen Haustiers mehr nackt sein als die ihrer Schwestern? Sie tragen Ohrringe; Du hast noch nie Einwände erhoben. Was?

„ Du hast es jetzt besser gelernt ?“

„Ja, das ist wieder alles mit deiner schmutzigen Politik. Du würdest die ganze Welt in einer Würfelbox durcheinander bringen, wenn du wolltest: Die Welt ist dir nicht egal, du möchtest nur einen besseren Wurf für dich selbst machen – das ist alles. Aber kleine Haustiere *werden* sich langweilen, und denken Sie nicht daran, dies zu verhindern.

eines Tages heiraten wird , genau wie ihre Schwestern? Und wer würde ein Mädchen ohne Ohrringe ansehen, möchte ich wissen? Wenn Sie irgendetwas von der Welt wüssten, wüssten Sie vorher, was ein schöner Diamantohrring manchmal bewirken kann – wenn man ihn bekommen kann. Aber ich weiß, warum Sie Ohrringe jetzt nicht ertragen können: Miss Prettyman trägt sie nicht ; Sie würde es tun – daran habe ich keinen Zweifel –, wenn sie sie nur kriegen könnte . Ja, es ist Miss Prettyman, die –

„So, Caudle, jetzt sei still, und ich werde im Moment nichts mehr über die Ohren des Haustiers sagen. Wir reden, wenn Sie vernünftig sind. Ich will dich nicht verärgern, Gott weiß! Und so, Liebling, mit dem Cottage? Was?

„ ' Twill ist so weit vom Geschäft entfernt ?

„Aber es muss nicht weit sein, Liebste. Ziemlich schöne Entfernung; damit Sie an Ihren späten Abenden immer zu Hause sind, zu Abend essen, ins Bett gehen und alles um elf Uhr. Äh, – Süße?“

„ Ich weiß nicht, was ich geantwortet habe “, sagt Caudle, *„ aber ich weiß eines: In weniger als zwei Wochen befand ich mich in einer Art grünem Vogelkäfig von einem Haus, auf dem meine Frau – eine sanfte Satirikerin – bestand nennt sich , The Turtle Dovery ‘.“*

VORTRAG XXX –
FRAU. CAUDLE BESCHWERT SICH ÜBER DIE „TURTLE DOVERY". ENTDECKT SCHWARZE KÄFER. FINDET ES „NUR RICHTIG", DASS CAUDLE EINE CHAISE AUFSTELLEN SOLLTE

„Tusch! Sie hätten mich nie in diese Wildnis gebracht, Mr. Caudle, wenn ich nur gedacht hätte, was es ist. Ja, das ist richtig: Sagen Sie mir einfach, dass es meine Entscheidung war – das ist männlich, nicht wahr? Als ich den Ort sah , schien die Sonne und er sah wunderschön aus – jetzt ist es etwas ganz anderes. Nein, Herr Caudle; Ich erwarte nicht, dass Sie der Sonne Befehle erteilen – und wenn Sie auf diese ungläubige Art über Joshua sprechen, verlasse ich das Bett. Nein Sir; Ich erwarte nicht, dass die Sonne in Ihrer Macht steht; aber das hat nichts damit zu tun. Ich rede über eine Sache und du fängst immer mit einer anderen an. Aber das ist deine Kunst.

„Ich bin mir sicher, dass eine Frau genauso gut lebendig begraben werden könnte, wie hier zu leben. Tatsächlich bin ich lebendig begraben; Ich fühle es. Ich stand an diesem gesegneten Tag drei Stunden am Fenster und sah nichts als den Postboten. Nein, es ist nicht schade, dass ich nichts Besseres zu tun hatte; Ich hatte genug: aber das ist meine Sache, Mr. Caudle. Ich nehme an, ich soll die Herrin meines eigenen Hauses sein? Wenn nicht, dann lasse ich es lieber.

„Und gleich in der ersten Nacht, als wir hier waren, kamen die schwarzen Käfer in die Küche. Wenn der Ort nicht mit einem schwarzen Tuch bedeckt zu sein schien, bin ich ein Geschichtenerzähler. Warum husten Sie, Mr. Caudle? Ich sehe nichts, worüber ich husten könnte. Aber das ist nur deine Art zu spotten. Millionen Schwarzkäfer! Und als die Uhr acht schlägt, marschieren sie hinaus. Was?

„ Sie sind sehr pünktlich ? "

"Ich weiß, dass. Ich wünschte nur, andere Leute wären halb so pünktlich: „ Das würde anderen Leuten das Geld sparen und den Seelenfrieden anderer Leute retten." Du weißt, ich hasse einen Schwarzkäfer! Nein: Ich hasse nicht so viele Dinge. Aber ich hasse Schwarzkäfer, genauso wie ich Misshandlung hasse, Mr. Caudle. Und jetzt habe ich, Gott weiß, von beidem genug!

„Gestern Abend kamen sie in den Salon . Natürlich werden sie in ein oder zwei Nächten ins Schlafzimmer gehen. Sie werden hier sein – ganze Regimenter – auf der Steppdecke. Aber was interessiert dich? Nichts dergleichen berührt dich jemals; aber du weißt, wie sie zu mir kommen; und deshalb bist du so still. Eine angenehme Sache, schwarze Käfer im Bett zu haben!

„ Warum vergifte ich sie nicht ?“

„Eine schöne Sache, Gift im Haus zu haben! Viel müsst ihr an die lieben Kinder denken. Ein schöner Ort, der den Namen Turtle Dovery trägt !

„ Habe ich es nicht selbst getauft ?“

„Das weiß ich, aber ich wusste ja nichts von den Schwarzkäfern. Außerdem sind die Namen von Häusern für die Außenwelt bestimmt; nicht, dass irgendjemand vorbeikommt, um unsere zu sehen. Hat Mrs. Digby nicht darauf bestanden, ihr neues Haus „Love-in-Müßiggang“ zu nennen, obwohl jeder wusste, dass dieser arme Digby sie ständig schlug? Wenn die Leute jedoch „Rose Cottage“ an der Wand lesen, denken sie selten an die vielen Dornen, die sich darin befinden. In dieser Welt, Mr. Caudle, sind Namen manchmal genauso gut wie Dinge.

„Schon wieder dieser Husten! Du hast eine Erkältung, und du wirst immer eine bekommen – denn du wirst wie am Dienstag immer den Omnibus verpassen – und immer nass werden. Keine Verfassung kann dem standhalten, Caudle. Du weißt nicht, was ich empfand, als ich es am Dienstag regnen hörte und dachte, du wärst vielleicht mittendrin. Was?

" Ich bin sehr gut ?

„Ja, ich vertraue darauf: Ich versuche es zu sein, Caudle. Und deshalb, mein Lieber, habe ich darüber nachgedacht, dass wir besser eine Chaiselongue behalten sollten.

„ Sie können es sich nicht leisten und werden es auch nicht tun ?“

„Sag es mir nicht: Ich weiß, dass du dadurch Geld sparen würdest. Ich habe überlegt, was Sie in Omnibussen auslegen; und wenn Sie eine eigene Chaiselongue hätten – abgesehen von der Vornehmheit der Sache – hätten Sie Geld in der Tasche. Und dann noch einmal, wie oft könnte ich mit dir in die Stadt gehen – und wie könnte ich dich noch einmal abholen, wenn du gerne etwas zu spät im Club bist, Liebes! Jetzt müssen Sie sich beeilen, das weiß ich, denn wenn Sie nur eine eigene Kutsche hätten, könnten Sie bleiben und sich amüsieren. Und nach der Arbeit wollen Sie Spaß haben. Natürlich kann ich nicht erwarten, dass du immer direkt zu mir nach Hause rennst: und das tue ich auch nicht, Caudle; und du weißt es.

„Eine schöne, gepflegte, elegante kleine Chaiselongue. Was?

„ Du wirst daran denken ?“

„Da ist eine Liebe! Du bist ein gutes Geschöpf, Caudle; und es wird mich so glücklich machen, wenn ich daran denke, dass Sie nicht auf einen Omnibus angewiesen sind. Eine süße kleine Kutsche, auf deren Tafeln unsere eigenen Arme wunderschön bemalt sind. Was?

„ Waffen sind Müll; und Sie wissen nicht, dass Sie welche haben ?

„Unsinn: Gewiss, und wenn nicht, sind sie natürlich gegen Geld zu bekommen. Ich frage mich, woher die Arme von Chalkpit, dem Milchmann, kommen? Ich nehme an, dass man sie am selben Ort kaufen kann . Er fuhr früher einen grünen Karren; Und jetzt hat er eine enge gelbe Kutsche, mit zwei großen Schildpattkatzen, deren Schnurrhaare wie in Sahne getaucht sind und die auf ihren Hinterbeinen an jeder Tür stehen, mit einem Haufen Latein darunter. Wenn Sie möchten, können Sie die Kutsche kaufen, Herr Caudle. aber wenn deine Arme nicht da sind, wirst du mich nicht dazu bringen, hineinzugehen. Niemals! Ich werde nicht schlechter aussehen als Mrs. Chalkpit.

„Außerdem, wenn Sie keine Waffen haben, bin ich sicher, dass meine Familie sie hat, und die Arme einer Frau sind genauso gut wie die eines Mannes. Ich werde morgen an die liebe Mutter schreiben, um zu erfahren, was wir als Familienwappen angenommen haben. Was sagen Sie? Was?

„ Eine Mangel in einer echten Steinküche ?

"Herr. Caudle, du beleidigst meine Familie immer – immer: Aber du wirst mich heute Abend nicht aus der Fassung bringen. Wenn Ihnen unsere Waffen jedoch nicht gefallen, finden Sie Ihre eigenen. Ich vermute, Sie hätten sie schnell genug finden können, wenn Sie Miss Prettyman geheiratet hätten. Nun, ich werde ruhig sein; und ich werde den Namen dieser Dame nicht erwähnen. Eine nette Dame ist sie! Ich frage mich, wie viel sie für Farbe ausgibt! Nun, sage ich dir nicht, ich werde kein Wort mehr sagen, und trotzdem wirst du herumstrampeln!

„Nun, wir bekommen die Kutsche und das Familienwappen? Nein, ich möchte auch nicht die Familienbeine haben. Seien Sie nicht vulgär, Mr. Caudle. Sie könnten vielleicht auf diese Weise reden, bevor Sie Geld auf der Bank haben; aber es passt jetzt überhaupt nicht zu dir. Die Kutsche und das Familienwappen! Wir haben ein Landhaus sowie die Chalkpits! und obwohl sie ihren Ort als kleines Paradies loben, wage ich zu behaupten, dass es dort genauso viele Schwarzkäfer gibt wie bei uns, und sogar noch mehr. Der Ort sieht ganz danach aus!

„Unsere Kutsche und unsere Waffen! Und weißt du, Liebling, es wird nicht viel kosten – fast nichts –, an einem Sonntag ein goldenes Band um Sams Hut zu binden. Nein: Ich möchte keine vollständige Lackierung. Zumindest noch nicht. Mir wurde erzählt, dass Chalkpits ihren Jungen sonntags wie eine

Libelle anzieht; und ich verstehe nicht, warum wir mit unserem eigenen Sam nicht machen sollten, was wir wollen. Trotzdem begnüge ich mich mit einem goldenen Band und etwas Pfeffer und Salz. Nein: Als nächstes werde ich nicht nach Plüsch schreien; sicherlich nicht. Aber ich werde ein goldenes Band haben und -

„ Das wirst du nicht; und ich weiß es ?

"Oh ja! Das ist wieder einer Ihrer Streiche, Mr. Caudle; Wie kein anderer — du liebst Lackierungen nicht. Ich nehme an, wenn Leute ihre Laken, Tischdecken oder andere Wäsche kaufen, haben sie das Recht, darauf zu kennzeichnen, was ihnen gefällt, nicht wahr? Na dann? Du kaufst einen Diener und markierst ihn mit dem, was dir gefällt, und wo ist der Unterschied? Keine, das kann *ich* sehen.“

„ Schließlich “, sagt Caudle, *„ habe ich einen Kompromiss für einen Auftritt geschlossen; aber Sam trug weder Pfeffer und Salz noch ein goldenes Band .“*

VORTRAG XXXI –
FRAU. CAUDLE beschwert sich sehr bitter, dass Mr. CAUDLE HAT „IHR VERTRAUEN GEBROCHEN.“

„Oh, Sie werden mich erwischen, Mr. Caudle, wenn ich Ihnen noch einmal etwas erzähle. Nun, ich möchte keinen Lärm machen: Ich möchte nicht, dass Sie sich in eine Leidenschaft versetzen. Ich sage nur Folgendes: Nie wieder öffne ich dir gegenüber irgendjemanden den Mund. Nein: Wenn Mann und Frau nicht eins sein können, warum ist dann alles zu Ende? Oh, Sie wissen genau, was ich meine, Mr. Caudle: Sie haben mein Vertrauen auf die beschämendste und herzloseste Weise gebrochen, und ich wiederhole es: Ich kann nie wieder so für Sie sein, wie ich es war. Nein: Der kleine Charme – es war nicht viel – der dem Eheleben geblieben ist, ist für immer verschwunden . Ja; Die Blüte ist inzwischen ganz von der Pflaume abgewischt.

„Sei nicht so ein Heuchler, Caudle; Frag mich nicht, was ich meine! Mrs. Badgerly war hier – mehr wie ein Teufel, da bin ich mir sicher, als wie eine ruhige Frau. Ich bin noch nicht fertig mit dem Zittern! Du kennst auch den Zustand meiner Nerven; Wissen Sie – ja, Sir, ich *hatte* Nerven, als Sie mich geheiratet haben; und ich habe sie nicht gerade erst herausgefunden. Nun ja, Sie haben etwas zu verantworten, denke ich. Die Badgerlys werden sich trennen: Sie nimmt die Mädchen, er die Jungen und alles durch dich. Wie du deinen Kopf auf dieses Kissen legen und daran denken kannst, einzuschlafen, kann ich nicht sagen.

" *Was haben Sie getan* ?

„Nun, Sie haben ein Gesicht, um die Frage zu stellen. Erledigt? Sie haben mein Vertrauen gebrochen, Mr. Caudle: Sie haben meine Zärtlichkeit, mein Vertrauen in Sie als Ehefrau ausgenutzt – umso mehr töricht ich für meine Schmerzen! - und Sie haben ein glückliches Paar für immer getrennt . NEIN; Ich rede nicht in den Wolken; Ich rede in deinem Bett, je mehr mein Unglück.

„Nun, Caudle – ja, ich werde im Bett sitzen, wenn ich möchte; Ich werde nicht schlafen, bis ich das richtig erklärt habe; für Mrs. Badgerly Ich werde ihre Trennung nicht vor meine Tür schieben. Du willst nicht leugnen, dass du letzte Nacht im Club warst? Nein, so schlecht du auch bist, Caudle – und obwohl du mein Ehemann bist, kann ich dich nicht für einen guten Mann halten; Ich versuche es, aber ich kann es nicht – so schlecht du auch bist, du kannst nicht leugnen, dass du im Club warst. Was?

„ *Sie leugnen es nicht* ?

„Das sage ich – das geht nicht. Und jetzt beantworte mir diese Frage. Was haben Sie vor aller Welt über Mr. Badgerlys Schnurrhaare gesagt? Es gibt nichts zu lachen, Caudle; Wenn du diese arme Frau heute gesehen hättest, hättest du ein Herz aus Stein zum Lachen. Was hast du über seine Schnurrhaare gesagt? Hast du nicht allen erzählt, dass er sie gefärbt hat ? Hast du ihnen nicht, wie du sagtest, die Kerze hingehalten , um das Lila zu zeigen?

„ Um sicher zu sein, dass du es getan hast ?

"Ha! Menschen, die Witze machen, kümmern sich nie darum, Herzen zu brechen. Badgerly ging wie ein Dämon nach Hause; nannte seine Frau eine falsche Frau, schwor, nie wieder mit ihr ins Bett zu gehen, und um zu zeigen, dass er es ernst meinte, schlief er die ganze Nacht auf dem Sofa. Er sagte, es sei das teuerste Geheimnis seines Lebens; sagte, sie hätte es mir erzählt; und das hatte ich dir gesagt; und so ist es herausgekommen. Was sagen Sie?

„ Badgerly hatte Recht. Ich habe es dir gesagt ?

„Ich weiß, dass ich es getan habe: Aber als die liebe Mrs. Badgerly die Angelegenheit mir und ein paar Freunden gegenüber erwähnte, als wir alle zusammen beim Tee lachten, ganz vertraulich – als sie nur von den Schnurrhaaren ihres Mannes sprach und wie lang er war war jeden Morgen über ihnen - natürlich, arme Seele! Sie hätte nie gedacht, dass die Welt noch einmal darüber reden würde. Äh?

„ Dann hatte ich kein Recht, dir davon zu erzählen ?"

„Und so wird mir für mein Vertrauen gedankt. Weil ich kein Geheimnis vor dir habe, sondern dir, so könnte ich sagen, meine nackte Seele zeige, Caudle, so werde ich belohnt. Die arme Mrs. Badgerly – trotz all ihrer harten Worte – nachdem sie weggegangen war, blutete mir bestimmt das Herz für sie. Was sagen Sie, Herr Caudle?

„ Geschieht es ihr recht – sie soll den Mund halten ?"

"Ja; Das ist wie deine Tyrannei – du würdest niemals eine arme Frau sprechen lassen. Äh – was, was, Mr. Caudle?

„Das ist eine sehr schöne Rede, das wage ich zu behaupten; und die Ehefrauen sind Ihnen sehr dankbar, aber daran ist kein Funken Wahrheit dran. Nein, wir Frauen kommen nicht zusammen und zerstückeln unsere Ehemänner, so wie manchmal schelmische kleine Mädchen ihre Puppen zerreißen. Das ist ein alter Gedanke von Ihnen, Mr. Caudle; aber ich bin sicher, dass Sie keine Gelegenheit haben, es über mich zu sagen. Ich höre sicherlich eine ganze Menge von den Ehemännern anderer Leute; Ich kann meine Ohren nicht verschließen; Ich wünschte, ich könnte: Aber ich sage nie etwas über dich – und das könnte ich auch, und du weißt es – und da ist noch jemand anderes, der es auch weiß. Nein: Ich sitze still und sage nichts; Was ich in meinem Herzen an dir habe, Caudle, wird mit mir begraben. Aber ich weiß, was Sie von Ehefrauen halten. Ich habe gehört, wie Sie mit Mr. Prettyman gesprochen haben, als Sie kaum dachten, dass ich zuhöre, und Sie nicht viel wussten, was Sie sagten – ich habe Sie gehört. „Mein lieber Prettyman", sagen Sie, „wenn manche Frauen reden, vereinen sie alle Fehler ihrer Ehemänner; So wie Kinder ihre Kuchen und Äpfel zusammenschlagen, um ein gemeinsames Fest für die ganze Gruppe zu veranstalten.' Äh?

„ Du erinnerst dich nicht daran ?

„Aber das tue ich: Und ich erinnere mich auch daran, wie viel Brandy noch übrig war, als Prettyman ging. „ Es wäre seltsam, wenn du dich danach noch an vieles erinnern könntest."

„Und jetzt bist du gegangen und hast Mann und Frau getrennt, und ich bin dafür verantwortlich. Du hast nicht nur Elend in eine Familie getragen, sondern auch mein Selbstvertrauen gebrochen. Sie haben mir bewiesen, dass ich Ihnen von nun an nichts mehr anvertrauen darf, Mr. Caudle. NEIN; Ich werde alles, was ich weiß, in meiner eigenen Brust einschließen – denn im Moment finde ich niemanden, auf den man sich verlassen kann, nicht einmal den eigenen Ehemann. Von diesem Moment an sehe ich mich möglicherweise als eine einsame Frau. Es nützt nichts, wenn du versuchst einzuschlafen. Was sagen Sie?

" Du weißt, dass ?

"Sehr gut. Jetzt möchte ich Ihnen noch eine Frage stellen. Äh?

„ Willst du mich etwas fragen ?

„Sehr gut – machen Sie weiter – ich habe keine Angst davor, katechisiert zu werden . Ich habe nie eine Silbe fallen lassen, die ich als Ehefrau für mich hätte behalten sollen – nein, ich vergesse keineswegs, was ich gesagt habe – und was auch immer Sie mich fragen müssen, sagen Sie es sofort aus. Nein – ich möchte nicht, dass du mich verschonst; Ich möchte nur, dass du sprichst.

" Du wirst reden ?

„Na dann tun Sie es.

"Was?

„ Wer hat den Leuten gesagt, dass du einen falschen Vorderzahn hast ?"

„Und das ist alles? Nun, ich bin mir sicher – als ob die Welt es nicht sehen könnte. Ich weiß, dass ich es nur einmal erwähnt habe, aber dann dachte ich, jeder wüsste es – außerdem war ich aufgeregt, es zu tun; ja, verschlimmert. Ich erinnere mich, dass es genau an diesem Tag bei Mrs. Badgerly war , als sich die Schnurrhaare der Ehemänner stellten. Nun, nachdem wir mit ihnen

fertig waren, sagte jemand etwas über Zähne. Daraufhin, Miss Prettyman –
ein Luder! Sie wurde geboren, um den Frieden der Familien zu zerstören, ich
weiß, dass sie es war: Sie war dort; Und wenn ich nur gewusst hätte, dass es
so eine Kreatur gibt – nein, ich rede nicht, ganz und gar nicht, und ich komme
auf den Punkt. Sicherlich ist das eine Menge, die Sie gegen mich haben, nicht
wahr? Nun, jemand sprach über Zähne, als Miss Prettyman mit einem ihrer
beleidigenden Blicke sagte: „Sie dachte, Mr. Caudle hätte die weißesten
Zähne, die sie je gesehen *hatte* .“ Natürlich war mein Blut gestiegen – das
jeder Frau: und ich glaube, ich hätte sagen können: „Ja, es ging ihnen gut
genug; Aber als eine junge Dame die Zähne eines verheirateten Mannes so
sehr lobte, wusste sie vielleicht nicht, dass einer der vorderen Zähne von
einem Elefanten stammte. Wie ihre Unverschämtheit! - Ich habe *sie* für den
Rest des Abends hingestellt. Aber ich kann den Humor sehen, den Sie heute
Abend haben. Du bist nur zum Streiten ins Bett gekommen, und ich werde
dir nicht nachgeben. Ich sage nur Folgendes: Nach dem beschämenden
Unfug, den Sie bei den Badgerlys angerichtet haben , werden Sie mein
Selbstvertrauen nie wieder brechen. Niemals – und jetzt wissen Sie es.“

Caudle schreibt hierauf: „ *Und hier schien sie zum Schlafen geneigt zu sein.* “ Ich
dachte nicht einen Moment daran, sie daran zu hindern .

VORTRAG XXXII –
FRAU. CAUDLE-Diskurse über Dienstmädchen und Dienstmädchen im Allgemeinen. HERR. CAUDLES „BERÜCHTIGTES VERHALTEN" VOR ZEHN JAHREN

„So, es ist nicht meine Absicht, heute Abend ein Wort zu sagen, Mr. Caudle. NEIN; Ich möchte schlafen gehen, wenn ich kann; denn nach dem, was ich heute durchgemacht habe, und mit den Kopfschmerzen, die ich habe, – und wenn ich meine Riechsalze nicht auf dem Kaminsims gelassen habe, in der rechten Ecke, gerade als du ins Zimmer gehst - Niemand konnte es übersehen - ich sage, niemand konnte es übersehen - in einer kleinen grünen Flasche, und - nun, da liegst du wie ein Stein, und ich könnte umkommen, und du würdest dich nicht bewegen. Oh, mein armer Kopf! Aber es kann sich öffnen und schließen, und was kümmert es dich?

„Ja, das entspricht einfach deinem Gefühl. Ich will meine Salze, und du sagst mir, dass es nichts Besseres gibt, als still zu sein, wenn man Kopfschmerzen hat. In der Tat? Aber ich werde nicht still sein; also denkst du das nicht? So wird eine Frau eben dargestellt. Aber ich kenne deinen Ärger – ich kenne deine Kunst. Sie denken, Sie wollen mich über dieses Luder Kitty zum Schweigen bringen, – Ihr Favorit , Sir! Bei meinem Leben soll ich meine eigene Dienerin nicht draußen entlassen – aber sie wird gehen. Wenn ich die ganze Arbeit selbst erledigen müsste, sollte sie nicht unter meinem Dach Halt machen. Ich kann sehen, wie sie auf mich herabblickt. Ich kann vieles erkennen, Mr. Caudle, worüber ich nie die Lippen öffnen würde – aber ich kann meine Augen nicht schließen. Vielleicht wäre es für meinen Frieden und meinen Geist besser gewesen, wenn ich es immer könnte. Sag das nicht. Ich bin keine dumme Frau und weiß sehr gut, was ich sage. Ich nehme an, du denkst, ich hätte *diese* Rebecca vergessen? Ich weiß, es ist zehn Jahre her, dass sie bei uns gelebt hat – aber was hat das damit zu tun? Ich nehme an, dass die Dinge nicht weniger wahr sind, wenn man alt ist. NEIN; und Ihr Verhalten, Herr Caudle, zu dieser Zeit – wenn es vor hundert Jahren wäre – würde ich nie vergessen. Was?

„ Ich werde immer dieselbe dumme Frau sein ?"

„Ich hoffe, dass ich es tun werde – ich vertraue darauf, dass ich in meinem eigenen Haus immer meine Augen auf mich gerichtet haben werde. Denken Sie jetzt nicht daran, schlafen zu gehen, Caudle; denn da du das über diese Rebekka angesprochen hast, sollst du mir zuhören. Nun, ich frage mich, ob du ihr einen Namen geben kannst! Äh?

„ *Du hast ihr keinen Namen gegeben ?*

„Das hat überhaupt nichts damit zu tun; denn ich weiß genauso gut, was du denkst, als ob du es wüsstest. Ich nehme an, Sie werden sagen, dass Sie ihr kein Glas Wein getrunken haben?

" *Niemals ?*

„ Das hast du damals gesagt, aber ich habe zehn Jahre lang darüber nachgedacht, und je mehr ich darüber nachgedacht habe, desto sicherer bin ich mir dessen. Und genau zu dieser Zeit – wenn Sie sich bitte erinnern – war der kleine Jack ein Baby. Sonst hätte ich mich nicht so sehr darum kümmern sollen; Aber kaum war er allein unterwegs, als du diesem Geschöpf zunickte und ein Glas Wein trank. NEIN; Ich bin nicht wütend und ich träume nicht. Ich habe gesehen, wie du es gemacht hast, und die Heuchelei hat es immer schlimmer gemacht. Ich habe dich gesehen, als die Kreatur direkt hinter meinem Stuhl war; Du hast ein Glas Wein genommen und zu mir gesagt: „Margaret", und dann hast du den Blick auf das kühne Luder gehoben und gesagt: „Meine Liebe", als ob du wolltest, dass ich glaube, dass du nur mit mir gesprochen hast, wann Ich konnte sehen, wie du sie hinter mir auslachst. Und zu diesem Zeitpunkt war der kleine Jack noch nicht auf den Beinen. Was sagen Sie?

„ *Himmel vergib mir ?* "

"Ha! Herr Caudle, Sie sollten darum bitten: Ich bin in Sicherheit, das bin ich: Sie sollten um Vergebung bitten.

„Nein, ich würde eine Heilige nicht verleumden – und ich habe dem Mädchen nicht umsonst den Charakter genommen. Ich weiß, dass sie wegen meiner Aussage Klage eingereicht hat; und ich weiß, dass du für das, was du meine Zunge nennst, Schadensersatz zahlen musstest – daran kann ich mich noch gut erinnern. Und dir recht dienen; Wenn du sie nicht ausgelacht hättest, wäre es nicht passiert. Aber wenn du dich von solchen Leuten freimachen lässt, wirst du natürlich darunter leiden müssen. „ Es hätte Ihnen recht getan, wenn die Rechnung des Anwalts doppelt so hoch gewesen wäre. Schäden, tatsächlich! Nicht, dass irgendjemandes Zunge ihr hätte schaden können!

„Und jetzt, Mr. Caudle, sind Sie derselbe Mann wie vor zehn Jahren. Was?

„ *Das hoffen Sie ?*

„Umso mehr Schande für dich. In deinem Leben, in dem all deine Kinder um dich herum aufwachsen, um –

„ *Wovon rede ich ?*"

"Ich weiß sehr gut; und das würden Sie auch tun, wenn Sie ein Gewissen hätten, was Sie nicht haben. Wenn ich sage, ich werde Kitty entlassen, sagen Sie, sie sei eine sehr gute Dienerin, und ich werde keine bessere bekommen. Aber ich weiß, warum du sie gut findest; du findest sie hübsch, und das reicht dir; als ob Mädchen, die für ihren Lebensunterhalt arbeiten, ein Recht darauf hätten, hübsch zu sein – was sie nicht ist. Wirklich hübsche Dienerinnen! Sie schimpfen mit ihren falschen Gesichtern umher, als ob selbst die Fliegen sie verwöhnen würden . Aber ich weiß, was für ein schlechter Mensch Sie sind – es hat keinen Zweck, es zu leugnen; Denn habe ich nicht gehört, wie Sie mit Mr. Prettyman gesprochen haben, und haben Sie nicht gesagt, dass Sie es nicht ertragen könnten, hässliche Diener um sich zu haben? Ich frage Sie: - Haben Sie das nicht gesagt?

„ Vielleicht hast du es getan ?

„Du wirst nicht rot, um es zu gestehen? Wenn Ihre Prinzipien, Herr Caudle, nicht ausreichen, um einer Frau das Blut in den Adern gefrieren zu lassen!

"Oh ja! du hast das Zeug immer und immer wieder geredet; und einmal hätte ich es vielleicht geglaubt; aber ich weiß jetzt ein bisschen mehr über dich. Du siehst gern hübsche Dienerinnen, genauso wie du hübsche Statuen und hübsche Bilder und hübsche Blumen und alles, was in der Natur hübsch ist, sehen möchtest, nur, wie du sagst, damit das Auge sich davon ernähren kann. Ja; Ich kenne deine Augen, - sehr gut. Ich weiß, wie sie vor zehn Jahren waren; Denn werde ich jemals das Glas Wein vergessen, als der kleine Jack in den Armen war? Es ist mir egal, ob es tausend Jahre her ist, es ist so frisch wie gestern und ich werde nie aufhören, darüber zu reden. Wenn du mich kennst, wie kannst du das fragen?

„Und jetzt bestehen Sie darauf, Kitty zu behalten, wenn es kein bisschen Geschirr für sie gibt? Dieses Mädchen würde die Bank of England ruinieren – ich weiß, dass sie es tun würde –, wenn sie Hand anlegen würde. Aber was bedeutet ein ganzes blaues Porzellanset für ihre wunderschönen blauen Augen? Ich weiß, dass du das meinst, auch wenn du es nicht sagst.

„Oh, du brauchst nicht stöhnend daliegen, denn du glaubst nicht, dass ich Rebecca jemals vergessen werde. Ja, - es ist gut für Sie, Rebecca jetzt zu beschimpfen, - aber Sie haben sie damals nicht beschimpft, Mr. Caudle, ich weiß. „Margaret, meine Liebe!" Nun, wie kannst du das Gesicht haben, mich anzusehen -

„ Du siehst mich nicht an ?

„Umso mehr Schande für dich.

„Ich kann nur sagen, dass entweder Kitty das Haus verlässt oder ich. Was soll es sein, Mr. Caudle? Äh?

„ Ist es dir egal? Beide?

„Aber so wirst du mich nicht los, das kann ich dir sagen. Aber für diesen Trottel – jetzt kannst du fluchen und toben, wie du willst –

„ Du hast nicht vor, noch ein Wort zu sagen?

"Sehr gut; Es ist egal, was du sagst – ihr Quartal ist am Dienstag abgelaufen, und sie wird gehen. Ein Suppenteller und eine Schüssel sind gestern weggegangen.

„Ein Suppenteller und eine Schüssel, und wenn ich solche Kopfschmerzen habe, Mr. Caudle, die mich in Stücke reißen! Aber mir wird es auf dieser Welt nie gut gehen – niemals. Ein Suppenteller und eine Schüssel!“

„ Sie hat geschlafen “, schreibt Caudle, *„ und die arme Kitty ist am Dienstag abgereist* .“

VORTRAG XXXIII –
FRAU. CAUDLE HAT ENTDECKT, DASS CAUDLE EISENBAHNDIREKTOR IST

„Als ich heute mit der Zeitung angefangen habe, Caudle, hättest du mich mit einer Feder niederschlagen können! Seien Sie jetzt kein Heuchler – Sie wissen, was los ist. Und wenn Sie kein Bett zum Liegen haben und auf Kohlensäcken zum Schlafen gebracht werden – und dann kann ich Ihnen sagen, Herr Caudle, können Sie alleine schlafen – dann wissen Sie, was los ist. Jetzt habe ich Ihren Namen gesehen und leugne ihn nicht. Ja, – die Eel-Pie Island Railway – und unter den Direktoren Job Caudle, Esq., von der Turtle- Dovery , und – nein, ich werde nicht schweigen. Das kommt nicht oft vor – Gott weiß! - dass ich spreche; aber wenn ich sehe, was ich tue, werde ich nicht schweigen.

" *Was sehe ich ?*

„Da, Herr Caudle, am Fußende des Bettes sehe ich all die gesegneten Kinder in Fetzen – ich sehe Sie in einem Gefängnis und die Teppiche hängen aus den Fenstern.

„Und jetzt weiß ich, warum du im Schlaf von Breit- und Schmalspur sprichst! Ich konnte nicht verstehen, was dir durch den Kopf ging – aber jetzt ist es raus. Ha! Herr Caudle, es gibt etwas an einem breiten und schmalen Weg, an das ich mich gerne erinnern würde – aber Sie sind ein ziemlicher Heide geworden: Ja, Sie denken jetzt nur noch an Geld.

„ *Mag ich Geld nicht ? “*

„Natürlich tue ich das; aber dann mag ich es, wenn ich mir dessen sicher bin; kein Risiko für mich. Ja, es ist schön und gut, über in kürzester Zeit gemachte Vermögen zu sprechen: Sie sind wie Hemden, die in kürzester Zeit gemacht wurden – wenn sie lange zusammenhalten, steht es zehn zu eins.

„Und jetzt ist klar genug, warum man weder essen noch trinken, noch schlafen oder irgendetwas tun kann. Dein ganzer Geist ist den Eisenbahnen gewidmet; denn du sollst mich nicht glauben machen, dass Eel-Pie Island die einzige ist. Ach nein! Ich kann es an deinem Aussehen erkennen. Warum, in kurzer Zeit, wenn Sie nicht so viele Falten im Gesicht haben, wie es Falten gibt? Jedes Ihrer Gesichtszüge scheint zerstückelt zu sein – und alle scheinen voneinander zu abweichen. Vor sechs Monaten, Caudle, hattest du keine Falte; Ja, deine Wange war so glatt wie jedes Porzellan , und jetzt ist dein Gesicht wie die Karte von England.

„Auch zu deiner Lebenszeit! Ihr seid dafür, immer klein und sicher zu sein! Auf diese Weise können Sie Ihr Geld in vollen Zügen verdienen! Es ist der Hund dieses Börsenmaklers in Flam Cottage – er hat Sie gebissen, da bin ich mir sicher. Sie sind derzeit nicht in der Lage, Ihr eigenes Eigentum zu verwalten; und ich würde nur die Rolle einer guten Ehefrau spielen, wenn ich die verrückten Ärzte hinzuziehen würde.

„Nun, ich werde jetzt nie mehr Ruhe finden. Danach wird niemand mehr an die Tür klopfen, von dem ich nicht glaube, dass es der Mann ist, der kommt, um Besitz zu ergreifen. „Das wird ein Grund zum Lachen der Chalkpits sein, wenn wir ausverkauft sind." Ich glaube, ich sehe sie hier, wie sie um all unsere kleinen Artikel der Bigotterie und Tugend bieten, und – worüber lachen Sie?

„ Sie sind keine Bigotterie und Tugend; aber Bijouterie und Vertu ?

„Es ist doch das Gleiche: Nur bist du nie so glücklich, wie wenn du mich aufnimmst.

„Wenn ich sagen kann, was auf die Welt kommt, bin ich ein Sünder! Jeder ist dafür, seinen Penny in doppelte Souveräne umzuwandeln und seine Nachbarn um den Rest zu betrügen. Und du auch – du bist außer dir, Caudle – da bin ich mir sicher. Ich habe dich beobachtet, als du dachtest, ich schlafe tief und fest. Und dann hast du gelegen und geflüstert und geflüstert und dich dann umarmt und über die Bettpfosten gelacht, als hättest du gesehen, wie sie sich in echtes Gold verwandelt hätten. Ich glaube schon, dass man manchmal denkt, der Flickenteppich bestehe aus Tausend-Pfund-Banknoten.

„Nun, wenn wir zur Union gebracht werden, werden Sie Ihren Fehler herausfinden. Aber es wird für mich keine Genugtuung sein, Ihnen jeden Abend davon zu erzählen. Was, Herr Caudle?

„ Sie lassen mich dir nichts davon erzählen ?"

„Und das nennst du ‚etwas Trost'? Und nach der Frau war ich bei dir! Aber jetzt erinnere ich mich. Ich glaube, ich habe Sie diese Union schon einmal loben hören; obwohl ich, wie ich schon immer ein liebevoller Idiot war, nie eine Ahnung hatte, warum das so war.

„Und jetzt wirst du natürlich Tag und Nacht nie zu Hause sein. Nein, Sie wohnen und schlafen auf Eel-Pie Island! Ich werde mit nichts als meinen Gedanken allein sein und darüber nachdenken, wann der Makler kommt und Sie bei Ihren Direktorenbrüdern sein werden. Ich darf schuften und schuften, um Sixpence zu sparen; und du wirst Hunderte wegwerfen. Und dann die teuren Geschmäcker, die Sie haben! Nichts ist jetzt gut genug für dich. Ich bin sicher, Sie halten sich manchmal für König Salomo. Aber dazu kommt es, wenn man Geld verdient – sofern man überhaupt welche verdient hat –, ohne es zu verdienen. NEIN; Ich rede keinen Unsinn: Menschen *können* Geld verdienen, ohne es zu verdienen. Und wenn ja, warum ist es dann so, als würde man viele Spirituosen auf einen Zug trinken? es geht ihnen in den Kopf und sie wissen nicht, worum es geht. Und Sie sind jetzt in diesem Zustand, Mr. Caudle: Da bin ich mir übrigens sicher. Es herrscht ein Schwipsgefühl in der Tasche und im Magen – und in diesem Zustand befinden Sie sich genau in diesem Moment.

„Nicht, dass es mir so viel ausmachen würde – das heißt, wenn Sie Geld verdient *haben* – wenn Sie an der Eel-Pie-Linie anhalten würden. Aber ich weiß, was diese Dinger sind: Sie wirken wie Melassesirup auf Fliegen: Wenn es den Menschen gut geht , können sie nicht aus ihnen herauskommen , oder wenn doch, haben sie oft keine Feder, mit der sie fliegen können. Nein: Wenn du mit der Aal-Pie-Linie wirklich Geld verdient hast und es mir geben willst, um für die lieben Kinder zu sorgen, warum vielleicht, meine Liebe, werde ich nichts weiter darüber sagen. Was?

" *Unsinn ?*

„Ja, natürlich: Ich bitte dich nie um Geld, aber das ist das richtige Wort.

„Und jetzt fangen wir an, an der Eel-Pie-Linie anzuhalten! Ach nein; Ich kenne deinen ärgerlichen Geist. In ein oder zwei Tagen werde ich einen weiteren schönen Artikel in der Zeitung sehen, mit einem Vorschlag für eine Zweigstelle von Eel-Pie Island zum Chelsea Bun-House. Geben Sie Ihnen eine Meile Schiene, und – ich kenne Sie – Sie nehmen hundert. Na ja, wenn es mich nicht erschauern ließe, das Zeug in der Zeitung zu lesen – und deinen Namen dazu! Aber ich nehme an, es war Mr. Prettymans Werk; denn sein kostbarer Name ist unter ihnen . Wie Sie den Menschen sagen , „dass Aalpasteten mittlerweile ein wesentlicher Bestandteil der Zivilisation sind " – ich habe alle Wörter auswendig gelernt, damit ich sie Ihnen sagen kann – „dass die östliche Bevölkerung Londons von den Segnungen abgeschnitten ist." eines solchen Bedarfs – und dass durch die geplante Linie Aalpasteten in die Geschäfte und in die Herzen des Ratcliff Highway und der angrenzenden Nebengebiete gebracht werden." Nun, wenn ihr Männer – Herren der Schöpfung, wie ihr euch selbst nennt – euch zusammenschließt, um eine Gesellschaft zu gründen oder irgendetwas in der Art – kann da da irgendein Märchenbuch auftauchen? Und so blickt man einander feierlich ins Gesicht und plündert sich gegenseitig in die Taschen, ohne auch nur die Mundwinkel zu bewegen. Nein, ich verwende keine harten Worte, Mr. Caudle – sondern nur die richtigen Worte.

„Und das *muss ich* sagen. Was auch immer Sie haben, mir geht es nicht besser. Du gibst mir niemals etwas von deinen Eel-Pie-Anteilen. Was sagen Sie?

„ *Gibst du mir welche ?*"

„Ich nicht – ich werde mit so einer Bosheit nichts zu tun haben. Wenn Sie, wie jeder andere Ehemann, sich dafür entscheiden, mir einen Haufen Geld in den Schoß zu werfen – was?

„ *Du wirst daran denken ?"* *Wenn die Eel-Pies steigen ?*

„Dann weiß ich, was sie wert sind – sie bringen keinen Pfennig."

„ *Sie war plötzlich still* ", schreibt Caudle, „ *und ich schlief gerade ein, als sie mich mit dem Ellbogen anstieß und rief* : , *Caudle, glaubst du, dass sie morgen aufstehen ?*""

VORTRAG XXXIV –
FRAU. CAUDLE, im Verdacht, dass Mr. CAUDLE HAT SEIN Testament gemacht, ist „als Ehefrau nur darauf bedacht, dessen Bestimmungen zu kennen".

„Ich habe immer gesagt, dass du einen starken Geist hättest, wenn du wolltest, Caudle; und was Sie gerade getan haben, beweist es. Manche Menschen machen kein Testament, weil sie denken, dass sie direkt danach sterben müssen. Nun, du stehst darüber, Liebling, nicht wahr? Unsinn; Du weißt sehr gut, was ich meine. Ich weiß, dass Ihr Testament verfasst ist, denn Scratcherly hat es mir gesagt. Was?

„ Du glaubst es nicht ?

„Nun, ich bin mir sicher! Das ist eine schöne Sache, die ein Mann seiner Frau sagen kann. Ich weiß, dass er zu sehr ein Geschäftsmann ist, um zu reden; Aber ich nehme an, es gibt eine Möglichkeit, Dinge zu erzählen, ohne sie auszusprechen. Und als ich ihm die Frage stellte, obwohl er Anwalt ist, hatte er nicht den Mut, sie zu leugnen.

„Freilich kann es für mich keine Rolle spielen, ob Ihr Testament zustande kommt oder nicht. Ich werde nicht mehr am Leben sein, Mr. Caudle, um irgendetwas zu brauchen. Ich werde noch lange versorgt sein, bevor Ihr Testament von Nutzen sein wird. Nein, Mr. Caudle, ich werde Sie nicht überleben: und – obwohl es Unrecht einer Frau ist, ihre Zuneigung zu einem Mann kundzutun, denn dann wird sie immer ausgenutzt – obwohl ich weiß, dass es dumm und schwach ist, das zu sagen, Trotzdem möchte ich dich nicht überleben. Wie soll ich? Nein, nein; Sag das nicht. Ich bin nicht gut für hundert – ich werde dich nicht verabreden, und auch keinen anderen Ehemann. Was für eine eklige Idee, Caudle! Ich stelle mir vor, dass ich jemals wieder daran denken würde, zu heiraten. Nein niemals! Was?

„ Das sagen wir alle ?"

"Gar nicht; im Gegenteil. Für mich ist der bloße Gedanke an so etwas schrecklich und war es schon immer. Ja, ich weiß ganz genau, dass manche wieder heiraten – aber was für ein Holz sie sind, kann ich sicher nicht sagen. Pfui!

„Ich weiß, dass es Männer gibt, die ihr Eigentum so hinterlassen, dass ihre Witwen, um es zu behalten, Witwen behalten müssen. Nun, wenn es irgendetwas auf der Welt gibt, das gemein und klein ist, dann ist es das. Glaubst du das nicht auch, Caudle? Warum sprichst du nicht, Liebes? Das ist so wie du! Ich möchte nie ein wenig ruhig und rational reden, aber du willst schlafen gehen. Aber du warst nie wie jeder andere Mann! Was?

" *Wie soll ich wissen ?*

„So, das ist so ähnlich zu deiner aufreizenden Art. Ich öffne nie die Lippen zu einem Thema, aber du versuchst mich abzuschrecken. Ich habe keinen Zweifel daran, dass Sie *ihr* angemessen antworten können, wenn Miss Prettyman spricht . Da sind Sie wieder! In meinem Leben *ist es* seltsam; aber ich kann niemals auf die unschuldigste Weise den Namen dieser Person erwähnen, die –

„ *Warum kann ich sie nicht in Ruhe lassen ?*

„Ich bin sicher – von ganzem Herzen! Wer möchte über sie reden? Das tue ich nicht: Nur du wirst immer etwas sagen, das mit Sicherheit ihren Namen hervorbringt.

„Was habe ich gesagt, Caudle? Oh, über die Art und Weise, wie manche Männer ihre Witwen binden. Meiner Meinung nach gibt es nichts so Kleines. Wenn ein Mann seiner Frau verbietet, erneut zu heiraten, ohne das zu verlieren, was er hinterlässt, dann nenne ich das Egoismus nach dem Tod. Bis zu einem gewissen Grad gemein! Es ist, als würde er seine Frau mit ins Grab nehmen. Äh?

„ *Das willst du nie machen ?*

„Nein, da bin ich mir sicher, Liebling: Du bist nicht der Mann, der eine Frau auf diese gemeine Art fesselt. Ein Mann, der das tun würde, würde, wenn er könnte, seine Witwe mitverbrennen lassen – so wie es diese Monster, die sich Männer nennen, in Indien tun.

„Es ist mir jedoch egal, wie Sie Ihr Testament verfasst haben; aber vielleicht geht es um deine zweite Frau. Was?

„ *Ich werde dir nie eine Chance geben ?* "

"Ha! Du kennst doch meine Verfassung nicht, Caudle. Ich bin überhaupt nicht mehr die Frau, die ich war. Ich sage nichts über sie , aber sehr oft kennt man meine Gefühle nicht. Und wenn wir schon beim Thema sind, Liebste, muss ich Sie nur um einen Gefallen bitten. Wenn du wieder heiratest, ist es sinnlos, das zu sagen. Nach den Annehmlichkeiten, die du in der Ehe erlebt hast – worüber seufzst du, mein Lieber? - Nach dem Trost müssen Sie erneut heiraten. - Verschwören Sie sich jetzt nicht auf diese gewalttätige Art und Weise und leisten Sie einen Eid, von dem Sie wissen, dass Sie ihn brechen müssen - Sie konnten nichts dagegen tun, da bin ich mir sicher. und ich kenne dich besser, als du dich selbst kennst. Nun ja, alles, was ich verlange, ist: Liebe, denn es ist nur deinetwegen, und es würde für mich dann keinen

Unterschied machen – wie sollte es auch? - aber ich bitte Sie nur darum, Miss Pret nicht zu heiraten - Da! Dort! Ich habe es getan: Ich werde kein weiteres Wort darüber verlieren; Aber ich bitte Sie nur darum, es nicht zu tun. Nach der Art und Weise, wie man an dich gedacht hat, und nach den Annehmlichkeiten, die du gewohnt bist, Caudle, wäre sie nicht die Frau für dich. Natürlich könnte ich dann kein Interesse an der Sache haben – Sie könnten die Königin von England heiraten, was es dann für mich bedeuten würde – ich mache mir nur Sorgen um Sie. Bedenken Sie, Caudle, ich sage nichts gegen sie; gar nicht; Aber da ist eine Flatterhaftigkeit in ihrem Benehmen – ich wage zu sagen, das arme Ding, sie meint es nicht böse, und es kann, wie man so sagt, letzten Endes nur ihr Benehmen sein – und doch ist da eine Flatterhaftigkeit an ihr, die, nach allem, was man hat, wie man es gewohnt ist, würde dich sehr elend machen. Nun, wenn ich mich mit irgendetwas rühmen darf, Caudle, dann mit meinem guten Benehmen mein ganzes Leben lang. Ich weiß, dass Ehefrauen, die sehr wählerisch sind, nicht so gut angesehen werden wie diejenigen, die es nicht sind – dennoch ist es so gut wie nichts, tugendhaft zu sein, wenn die Leute es nicht scheinen. Und Tugend, Caudle – nein, ich werde nicht über Tugend predigen, denn das tue ich nie. NEIN; und ich gehe nicht mit meiner Tugend umher wie ein Kind mit einer Trommel und mache damit alle möglichen Geräusche. Aber ich kenne deine Prinzipien. Ich werde nie vergessen, was ich Sie einmal zu Prettyman sagen hörte: Und es ist keine Entschuldigung, dass Sie so viel Wein getrunken hatten, dass Sie damals nicht wussten, was Sie sagten; Denn Wein bringt die Bosheit des Menschen zum Vorschein, so wie Feuer Fettflecken zum Vorschein bringt.

" *Was hast du gesagt?*

„Nun, Sie haben Folgendes gesagt: - ‚Tugend ist eine schöne Sache bei Frauen, wenn sie nicht so viel Aufhebens darum machen. Aber es gibt einige Frauen, die glauben, Tugend sei ihnen gegeben worden , so wie man Katzen Krallen gegeben hat‘ – ja, „Katzen“ war das Wort – „nichts anderes tun, als damit zu kratzen“. Das hast du gesagt.

„ *Sie erinnern sich nicht an eine Silbe davon?*

"Nein das war's; Wenn du in diesem schrecklichen Zustand bist, erinnerst du dich an nichts; aber es ist gut, dass ich es tue.

„Aber darüber reden wir nicht, Liebes – das ist alles vorbei: Ich wage zu behaupten, dass du nichts gemeint hast. Aber ich bin froh, dass Sie mir zustimmen, dass der Mann, der seine Witwe dazu zwingen würde, nicht noch einmal zu heiraten, ein gemeiner Mann ist. Es freut mich, dass Sie mir das Vertrauen entgegenbringen, das zu sagen.

„ *Du hast es nie gesagt?*

„Das hat nichts damit zu tun – Sie haben es genauso gut gesagt. Nein: Wenn ein Mann sein gesamtes Eigentum seiner Frau überlässt, ohne ihr die Hände zu binden, damit sie nicht erneut heiratet, zeigt er, wie sehr er von ihrer Liebe abhängig ist. Er beweist der ganzen Welt, was für eine Ehefrau sie für ihn war; und wie er nach seinem Tod weiß, dass sie um ihn trauern wird. Und dann kommt ihr natürlich nie eine zweite Ehe in den Sinn. Aber wenn sie sein Geld nur so lange behält, wie sie eine Witwe hat, dann ist sie verzweifelt, einen anderen Ehemann zu nehmen. Ich bin mir sicher; Viele arme Frauen wurden wieder in die Ehe getrieben, nur weil sie durch den Willen ihres Mannes dazu gezwungen wurden. Es ist nur natürlich, das anzunehmen. Wenn ich dachte, Caudle, dass du so etwas tun könntest, obwohl es mir das Herz brechen würde, es zu tun, – und doch, obwohl du tot und fort wärst, würde ich dir zeigen, dass ich einen Geist hätte, und direkt wieder heiraten. Nicht, dass es lächerlich ist, so zu reden, denn ich werde lange vor Ihnen gehen; Merken Sie sich dennoch meine Worte und provozieren Sie mich nicht mit irgendeinem Willen dieser Art, sonst würde ich es tun – da ich heute Nacht eine lebende Frau in diesem Bett bin, würde ich es tun.“

„ Ich habe ihr nicht widersprochen “, sagt Caudle, *„ sondern habe sie in solcher Gewissheit einschlafen lassen .“*

VORTRAG XXXV –
FRAU. CAUDLE „WURDE GESAGT", DASS CAUDLE „ZUM BILLARDSPIELEN" GENOMMEN HAT

„Ah, du bist heute Abend sehr spät dran, Liebes.

„ Es ist noch nicht spät ?

„Nun ja, das ist es nicht, das ist alles. Natürlich kann eine Frau nie erkennen, wann es spät ist. Du warst am Dienstag auch zu spät; etwas spät am Freitag davor; am Mittwoch davor – jetzt brauchen Sie sich nicht mehr so zu verdrehen; Ich werde nichts sagen – nein; denn ich sehe, es hat jetzt keinen Zweck mehr. Früher, das gestehe ich, hat es mich geärgert, wenn du draußen geblieben bist; aber das ist alles vorbei: Du hast mich jetzt in diesen Zustand gebracht, Caudle – und es ist ganz und gar deine eigene Schuld –, dass es mir egal ist, ob du jemals nach Hause kommst oder nicht. Ich hätte nie gedacht, dass ich so wenig von dir halten könnte; Aber Sie haben es geschafft: Sie sind zwanzig Jahre lang auf dem Wurm getreten, und nun hat er sich endlich gewendet.

„Jetzt werde ich nicht streiten; das ist alles vorbei: Ich habe nicht genug Gefühle, als dass du dich mit ihnen streiten könntest – das tue ich nicht, Caudle, so wahr ich auch in diesem Bett bin. Alles, was ich von dir will, ist – jeder andere Mann würde mit seiner Frau sprechen und nicht wie ein Baumstamm daliegen – alles, was ich will, ist das. Sag mir einfach, wo du am Dienstag warst? Du warst nicht bei der lieben Mutter , obwohl du weißt, dass es ihr nicht gut geht, und du weißt, dass sie daran denkt, den lieben Kindern ihr Geld zu hinterlassen; aber du hattest nie ein Gefühl für jemanden, der zu mir gehörte. Und du warst nicht in deinem Club: Nein, das weiß ich. Und Sie waren in keinem Theater.

" *Wie soll ich wissen ?*

„Ha, Herr Caudle! Ich wünschte nur, ich wüsste es nicht. NEIN; Sie waren an keinem dieser Orte; aber ich weiß genau, wo du warst.

„ Warum frage ich dann, wenn ich es weiß ?"

„Das ist es: nur um zu beweisen, was für ein Heuchler du bist: nur um dir zu zeigen, dass du mich nicht täuschen kannst.

„Also, Herr Caudle – Sie sind Billardspieler geworden, Sir.

" *Nur einmal ?*

„Das reicht völlig: Man könnte genauso gut tausendmal spielen; denn du bist ein verlorener Mann, Caudle. Nur einmal, tatsächlich! Ich frage mich, was würden Sie mir sagen, wenn ich „Nur einmal" sagen würde? Aber natürlich kann ein Mann in nichts etwas falsch machen.

„Und Sie sind ein Herr der Schöpfung, Mr. Caudle; und du kannst dich von den Annehmlichkeiten deines gesegneten Kamins und der Gesellschaft deiner eigenen Frau und Kinder fernhalten – auch wenn du dir natürlich nie etwas dabei gedacht hast – und Elfenbeinkugeln mit einem langen Stock auf einem grünen Tisch hin und her schieben – Tuch. Welche Freude ein Mann an solchen Dingen haben kann, muss jede vernünftige Frau in Erstaunen versetzen. Du tust mir leid, Caudle!

„Und du kannst hingehen und nichts anderes tun, als ‚Kanonen' zu basteln – denn das ist das Kauderwelsch, das sie beim Billard reden –, wenn am eigenen Herd das männliche und athletische Spiel Cribbage, wie meine arme Großmutter es immer nannte, stattfindet. Sie können in ein Billardzimmer gehen – Sie, ein anständiger Handwerker, oder wenn Sie sich darauf vorbereiten, denn wenn die Welt alles wüsste, gibt es in Ihnen sehr wenig Anständigkeit –, können Sie gehen und mit einer Reihe von Kreaturen Billard spielen Schnurrbärte, wenn du mir zu Hause eine nette, ruhige Hand gönnen könntest. Aber nein! Alles andere als ein Scherz mit der eigenen Frau!

„Caudle, jetzt ist alles vorbei; Du bist in die Zerstörung gegangen. Ich hätte nie gedacht, dass ein Mann ein Billardzimmer betritt, ohne dass er für immer verloren wäre . Da war mein Onkel Wardle; Ein besserer Mann brach nie das Brot des Lebens: Er begann Billard zu spielen und lebte einen Monat später nicht mehr bei seiner Tante.

„ *Ein glücklicher Kerl* ?

„Und so nennt man einen Mann, der seine Frau verlässt – einen ‚Glückspilz'? Aber was kann ich ganz sicher erwarten? Wir werden jetzt nicht mehr lange zusammen sein: Es hat einige Zeit gedauert, aber endlich müssen wir uns trennen: und die Frau, die ich dir gegeben habe!

„Aber ich weiß, wer es ist; Es ist dieser Teufel Prettyman. Ich *werde* ihn einen Teufel nennen, und ich bin keineswegs eine dumme Frau: Sie hätten an Billard genauso wenig gedacht wie an eine Gans, wenn er nicht gewesen wäre. Nun, es nützt nichts, Caudle, wenn du mir erzählst, dass du nur einmal dort warst und dass du sowieso keinen Ball schlagen kannst – du wirst das alles bald hinter dir lassen; und dann wirst du nie zu Hause sein. Du wirst ein gezeichneter Mann sein, Caudle; ja, markiert: Es wird etwas an dir sein, das schrecklich sein wird; denn wenn ich einen Billardspieler nicht am Aussehen erkennen könnte, dann hätte ich keine Augen, das ist alles. Sie sehen alle so gelb aus wie Pergament und tragen Schnurrbärte – ich nehme an, du lässt deinen Schnurrbart jetzt wachsen; obwohl es sehr schwierig sein wird, mit ihnen zu kommen. Ich weiß, dass. Ja, sie sehen alle gelb und schlau aus; einfach für alle, als wären sie Cousins ersten Grades von Leuten, die Geld plündern. Und das wird auch bei dir der Fall sein, Caudle: In sechs Monaten werden die lieben Kinder ihren eigenen Vater nicht mehr kennen.

„Nun, wenn ich mich überhaupt kenne, hätte ich alles andere als Billard ertragen können. Die Begleiter, die Sie finden werden! Die Kapitäne, die sich immer fünfzig Pfund von Ihnen leihen werden! Ich sage dir, Caudle, ein Billardzimmer ist ein Ort, an dem Ruinen aller Art leicht gemacht werden können, ich möchte sagen, bis auf den geringsten Verstand, sodass du ihn nicht übersehen kannst. Es ist eine Kapelle der Leichtigkeit, in der der Teufel predigen kann – sagen Sie mir nicht, ich solle nicht beredt sein: Ich weiß nicht, was Sie meinen, Mr. Caudle, und ich werde so beredt sein, wie ich möchte. Aber ich kann meine Lippen nie öffnen – und das kommt Gott weiß nicht oft vor! - dass ich nicht beleidigt bin.

„Nein, ich werde in dieser Angelegenheit nicht schweigen; Das werde ich nicht, Caudle. Bei jedem anderen würde ich kein Wort sagen – und das wissen Sie – wenn es Ihnen nicht gefallen würde; aber zu diesem Thema *werde ich* sprechen. Ich weiß, dass man nicht Billard spielen kann; und konnte es nie lernen. Ich wage es nicht zu sagen; aber das macht es nur noch schlimmer, denn sehen Sie sich das Geld an, das Sie verlieren werden; Sehen Sie sich die Ruine an, zu der Sie gebracht werden. Es hat keinen Zweck, mir zu sagen, dass du nicht spielen wirst – jetzt kannst du nichts dagegen tun. Und schön, dass du aufgefressen wirst. Sprich nicht mit mir; Die liebe Tante hat mir alles erzählt. Die vielen Kerle, die jeden Tag in Billardzimmer gehen, um ihr Abendessen zu holen, so wie ein Fuchs sich auf einen Bauernhof schleicht, um sich nach einer fetten Gans umzusehen – und sie werden dich auffressen, Caudle; Ich weiß, dass sie es tun werden.

„Billardkugeln, in der Tat! Nun, ich war in meiner Zeit im Woolwich Arsenal – Sie waren damals schon fast ein Mann, denn es war kurz vor unserer Hochzeit – und da sah ich alle möglichen Kugeln; Berge davon, die auf Kirchen und friedliche Wohnstätten der Leute geschossen wurden, wo sie das Porzellan zerbrachen und niemand weiß was – ich sage, ich habe all diese Kugeln gesehen – nun, ich weiß, ich habe das schon einmal gesagt, aber ich möchte es noch einmal sagen – und es gibt keine einzige von ihnen, so eisern sie auch sind, die auch nur halb so viel Schaden anrichten könnte wie eine Billardkugel. Das ist eine Kugel, Caudle, die schon vielen Frauen das Herz durchbohrt hat, von ihren Kindern ganz zu schweigen. Und das ist eine Kugel, mit der Sie Tag und Nacht Ihre Familie zerstören werden. Sagen Sie mir nicht, dass Sie nicht spielen werden! Wenn ein Mann sich einmal darauf eingelassen hat – wie meine arme Tante immer sagte –, versucht ihn der Teufel immer mit einer Kugel, so wie er Eva mit einem Apfel verführte.

„Ich werde nie mehr daran denken, glücklich zu sein. NEIN; das steht völlig außer Frage. Du wirst jede Nacht dort sein – ich weiß, dass du das tun wirst, besser als du, also leugne es nicht – jede Nacht über diesem bösen grünen Tuch. Grün, tatsächlich! Es ist rot, purpurrot, Caudle, wenn man es nur richtig sehen könnte – purpurrot, mit den Herzen, die diese Kugeln zerbrochen haben. Sag mir nicht, ich soll nicht erbärmlich sein – ich werde es tun: so erbärmlich, wie es mir passt. Ich schätze, ich darf sprechen. Allerdings habe ich es getan. Es ist jetzt alles geklärt. Du bist Billardspielerin und ich bin eine elende Frau."

„ Ich habe keine der beiden Positionen geleugnet ", schreibt Caudle, *„ und aus diesem Grund wollte ich schlafen ."*

VORTRAG DER LETZTE -
MRS. Caudle ist erkältet; Die Tragödie der dünnen Schuhe

„Ich werde dir nicht widersprechen, Caudle; Sie können sagen, was Sie wollen – aber ich denke, ich sollte meine eigenen Gefühle besser kennen als Sie. Ich möchte Ihnen auch keinen Vorwurf machen; Dafür bin ich zu krank; aber in dünnen Schuhen wird es nicht nass, - oh nein! Es ist mein Verstand, Caudle, mein Verstand, der mich umbringt. Oh ja! Brei, in der Tat glauben Sie, dass Brei eine Frau von allem heilen kann; Und du weißt auch, wie sehr ich es hasse. Gruel kann nicht erreichen, was ich leide; Aber natürlich ist niemand außer dir selbst jemals krank. Nun, das wollte ich nicht sagen; Aber wenn man so über dünne Schuhe spricht, sagt eine Frau natürlich, was sie nicht meint; sie kann nicht anders. Du hast immer über meine Schuhe geredet; Wenn ich denke, dass ich der Stärkste bin, kann ich beurteilen, was am besten zu mir passt. Ich wage zu sagen: „ Es wäre dir egal, wenn ich Pflügerstiefel anziehen würde; aber ich werde keine Figur aus meinen Füßen machen, das kann ich Ihnen sagen. Mir ist mit den Schuhen, die ich bisher getragen habe, noch nie kalt geworden, und es ist unwahrscheinlich, dass ich jetzt damit anfangen sollte.

„Nein, Caudle; Ich möchte nichts sagen, um dich zu beschuldigen: Nein, Gott weiß, ich würde dich um nichts in der Welt beunruhigen, – aber die Erkältung, die ich habe, habe ich mir vor zehn Jahren zugezogen. Ich habe nie etwas darüber gesagt – aber es hat mich nie verlassen. Ja; vor zehn Jahren vorgestern.

„ Wie kann ich mich daran erinnern ? “

„Oh, sehr gut: Frauen erinnern sich an Dinge, an die man nie denkt: arme Seelen! Sie haben einen guten Grund dazu. Vor zehn Jahren habe ich für dich gesessen, - nun, ich werde nichts sagen, was dich ärgern könnte, lass mich nur sprechen: Vor zehn Jahren habe ich auf dich gewartet, und ich bin eingeschlafen, und das Das Feuer ging aus, und als ich aufwachte , saß ich direkt im Luftzug des Schlüssellochs. Das war mein Tod, Caudle, aber lass dich davon nicht beunruhigen, Liebling; denn ich glaube nicht, dass du es beabsichtigt hast.

"Ha! Es ist völlig in Ordnung, wenn Sie es Unsinn nennen; und mir dein schlechtes Benehmen in die Schuhe zu schieben. Das ist genau wie ein Mann! Es hat noch nie einen Mann gegeben, der seine Frau getötet hat, der dafür keinen guten Grund nennen konnte. Nein: Ich will nicht sagen, dass du mich umgebracht hast, ganz im Gegenteil: Es gab noch nie einen Tag, an dem ich dieses Schlüsselloch nicht gespürt habe. Was?

„ Warum habe ich keinen Arzt ?"

„Was nützt ein Arzt? Warum sollte ich Ihnen Kosten in Rechnung stellen? Außerdem wage ich zu behaupten, dass du ohne mich sehr gut zurechtkommst, Caudle: Ja, nach sehr kurzer Zeit wirst du mich nicht mehr sehr vermissen – kein Mann tut das jemals.

„Peggy hat mir erzählt, dass Miss Prettyman heute angerufen hat.

" Was davon ?

„Nichts, natürlich. Ja; Ich weiß, dass sie gehört hat, dass ich krank bin, und deshalb ist sie gekommen. Ein wenig unanständig, finde ich, Mr. Caudle; sie könnte warten; Ich werde ihr nicht lange im Weg sein; Vielleicht hat sie jetzt bald den Schlüssel für den Caddy.

"Ha! Mr. Caudle, was nützt es, wenn Sie mich jetzt Ihre liebste Seele nennen? Nun ja, ich glaube dir. Ich wage zu behaupten, dass Sie es ernst meinen. das heißt, ich hoffe, dass Sie es tun. Dennoch können Sie nicht erwarten, dass ich ruhig in diesem Bett liege und an diese junge Frau denken kann – nicht, dass sie annähernd so jung ist, wie sie sich ausgibt. Ich hege keinerlei Groll gegen sie, Caudle, nicht die geringste. Dennoch glaube ich nicht, dass ich in Frieden in meinem Grab liegen könnte, wenn – nun, ich werde nichts mehr über sie sagen; aber du weißt, was ich meine.

„Ich denke, die liebe Mutter würde das Haus schön für dich führen, wenn ich weg bin. Nun, Liebling, ich werde nicht so reden, wenn du es wünschst. Trotzdem weiß ich, dass ich eine schreckliche Erkältung habe; obwohl ich es keine Minute lang zulassen werde, dass es an den Schuhen liegt – schon gar nicht. Ich würde sie nie dick tragen , und das weißt du, und sie haben mir noch nie eine Erkältung beschert. Nein, liebster Caudle, das ist zehn Jahre her; nicht, dass ich auch nur eine Silbe darüber sagen würde, um dich zu verletzen. Ich würde zuerst sterben.

„Mutter, siehst du, kennt alle deine kleinen Tricks; und du würdest keine andere Frau dazu bringen, dich zu studieren und zu streicheln, wie ich es getan habe – eine zweite Frau tut das nie; Es ist unwahrscheinlich, dass sie das tun sollte. Und schließlich waren wir sehr zufrieden. Es war nicht meine Schuld, wenn wir jemals ein oder zwei Worte gewechselt haben, denn Sie konnten nicht anders, als ab und zu auf die Nerven zu gehen; Niemand kann seinen Launen immer widerstehen – vor allem Männer. Wir waren trotzdem sehr glücklich, nicht wahr, Caudle?

"Gute Nacht. Ja, diese Kälte reißt mich in Stücke; aber trotzdem sind es nicht die Schuhe. Gott segne dich, Caudle; Nein, es sind *nicht* die Schuhe. Ich werde nicht sagen, dass es das Schlüsselloch ist; Aber ich sage es noch einmal : Es sind nicht die Schuhe. Gott segne dich noch einmal – aber sag niemals, dass es an den Schuhen liegt."

Die obige bedeutende Skizze ist eine korrekte Kopie einer Zeichnung aus der Hand von Caudle am Ende dieser Vorlesung. Man kann sich unserer Meinung nach kaum vorstellen, dass Mrs. Caudle während ihrer tödlichen Krankheit niemals wie zuvor Ermahnung mit Beruhigung vermischte; aber solche fragmentarischen Vorträge wurden von ihrem trostlosen Witwer zweifellos als zu rührend und zu feierlich angesehen, als dass sie durch den Typus vulgarisiert werden könnten . Sie waren jedoch in Caudles Herz eingeprägt; denn er hörte nie auf, von der verstorbenen Partnerin seines Bettes entweder als „sein heiliges Geschöpf" oder als „diesen Engel jetzt im Himmel" zu sprechen.

NACHSCHRIFT

Unsere Redaktionspflicht ist geschlossen. Wir hoffen, dass wir die Aufgabe der Auswahl aus einer großen Menge an Arbeiten ehrlich erfüllt haben. Wir hätten der weiblichen Welt jeden Abend im Jahr einen Vortrag halten können. Ja, – dreihundertfünfundsechzig separate Vorträge! Wir vertrauen jedoch darauf, dass wir genug getan haben. Und wenn wir einer schwachen Frau in ihrem ungleichen Kampf mit diesem herrischen Geschöpf, dem Mann, auch nur ein einziges Argument an die Hand gegeben haben – wenn wir einem Geschlecht, wie Mrs. Caudle selbst zu erklären pflegte, „von Anfang an angezogen" das Geringste zugesprochen haben Mittel zur Verteidigung – wenn wir einen einzigen Text vorgelegt haben, um einem der vielfältigen Unrecht zu begegnen, mit denen die Frau in ihrem Familienleben ständig von ihrem tyrannischen Zuchtmeister, dem Mann, bedrängt wird – haben wir das Gefühl, dass wir nur einen Korn zurückgezahlt haben, Kaum einer, von diesem Berg, der mehr als Gold ist, ist es unsere Glückseligkeit, ihr etwas zu verdanken.

Im Verlauf dieser Vorlesungen hat es uns sehr oft, und zwar übermäßig, geschmerzt, von gedankenlosen, unerfahrenen Männern – natürlich Junggesellen – zu hören, dass jede Frau, egal wie göttlich gelassen sie auch sei, einen Tropfen in ihren sekretfließenden Adern habe – „nicht größer als ein Zaunkönigsauge" – von Caudle; dass Eva selbst sich hin und wieder einer Vorlesung schuldig gemacht haben könnte, indem sie sie sanft zwischen den Rosenblättern murmelte. Es kann so sein; Dennoch sei es unser Stolz, es niemals zu glauben. NIEMALS!

Fußnoten:

{1} Der Autor war gerade 42 Jahre alt, als er mit den „Caudle Lectures" begann.

www.ingramcontent.com/pod-product-compliance
Lightning Source LLC
Chambersburg PA
CBHW051452130726
47987CB00005B/2280